Copa Mundial de la FIFA Brasil 2014™

LIBRO OFICIAL

Santillana Ediciones Generales, S.A. de C.V.
Av. Río Mixcoac 274, Col. Acacias
México D.F. 03240, México

Título original: 2014 FIFA World Cup Brazil Official Book
Edición Original: Carlton Books Limited 2014
Editor de Arte del Proyecto: Darren Jordan
Diseñador: Ben Ruocco
Iconografía: Paul Langan
Producción Rachel Burgess
Director del Proyecto: Martin Corteel

De esta edición:
D.R. © 2014 Santillana Ediciones Generales, S.A. de C.V.

Dirección Editorial: Gerardo Mendiola
Coordinación Editorial: Antonio Hernández
Maquetación: Berenice Luna
Traducción: Arnoldo Langner, Atahualpa
Flores, Carlos Tejada, Enrique Beltrán
Corrección: Rafael Cervantes,
Salvador Díaz de León

Elaborado bajo licencia de
Carlton Books Limited

Primera edición en español: abril 2014

ISBN: 978-607-11-3117-1   Impreso en Hong Kong

Copa Mundial de la FIFA Brasil 2014™

LIBRO OFICIAL

CONTENIDO

FIFA WORLD CUP
Brasil

INTRODUCCIÓN

FIFA WORLD CUP Brasil

Brasil ha dado algunos de los mejores jugadores y momentos más memorables de la Copa Mundial de la FIFA. Hoy, por primera vez en 64 años, la cuna "espiritual" del fútbol brindará un telón de fondo más que adecuado para la última edición del evento deportivo más importante.

Brasil brindará una experiencia inigualable como anfitrión gracias a su diversidad de colores, sabores, sonidos y tradiciones, elementos todos que lo convierten en la sede ideal para recibir a las 32 selecciones de todo el mundo que se darán cita en esta nación sudamericana para mostrar de lo que están hechas. Ninguna otra selección ha sido tan exitosa como Brasil a nivel mundial. Aún siendo muy joven, Pelé inspiró a su equipo para alcanzar el campeonato en 1958. Desde entonces, Brasil ha dominado el Mundial y lo ha ganado en cinco ocasiones, en cuatro continentes distintos. Por si fuera poco, se trata del único país que ha participado en las 19 Copas Mundiales de la historia y su participación en esta edición quedó confirmada en 2007, cuando Brasil fue seleccionado como el país anfitrión por segunda vez.

Muchas ciudades alrededor de las cinco regiones principales de Brasil recibirán a los equipos, a sus seguidores y a medios de comunicación de todo el mundo, garantizando una cálida bienvenida para que tanto los visitantes como los mismos brasileños se unan "todos al mismo ritmo", por usar la frase del eslogan oficial de la Copa.

Ya sea en alguno de los 12 estadios en los que se jugarán los partidos (algunos nuevos y otros renovados), o que asistan a alguno de los

Festivales que organiza la FIFA para los espectadores, estar en Brasil durante la Copa Mundial de 2014 será una ocasión memorable que nunca olvidarán aquellos que tengan la suerte de presenciarlo.

La Copa Confederaciones de la FIFA de 2013 celebrada en Brasil le dio al mundo una vista previa de la pasión con la que los brasileños viven el fútbol, sobre todo durante la final, ocasión en la que su equipo se enfrentó a España, en el Estadio Maracaná. El momento

Arriba: "El Maracaná es una catedral del fútbol", dijo el presidente de la FIFA Joseph S. Blatter.

Derecha: Pelé, el rey del fútbol, le da la bienvenida al mundo en el sorteo final de grupos de la Copa Mundial de la FIFA 2014.

en el que los espectadores cantaron el himno nacional junto a su selección es un episodio de orgullo nacional que pasará a la historia. Al respecto, el presidente de la FIFA, Joseph Blatter, dijo: "Fui testigo de algo que nunca antes había visto. El Maracaná tiene algo que es único. Desde que lo conocí, en 1975, y unos diez años después que volví a estar en él, supe que este lugar está destinado para cosas especiales, únicas. Siempre he dicho que este estadio, es no sólo una iglesia sino una catedral". "Los fanáticos fueron extraordinarios, cuando comenzaron a cantar el himno, incluso cuando terminó, ellos siguieron cantando. En última instancia, puedo asegurar que la historia se inclinó por Brasil gracias a que el remodelado Estadio Maracaná es de su selección y de su gente, y ellos han sabido agradecerlo con un gran campeonato."

Ganar no es nuevo para Brasil, pero nunca han ganado una Copa Mundial en su país, con su gente. Ha llegado la hora de que los jugadores que representan este equipo escriban sus nombres en la historia del fútbol. Puede ser que lo logren, pero hay otros 31 equipos que quieren lo contrario y todos juntos deberán bailar al ritmo del fútbol, que ahora suena a ritmo de samba.

FIFA WORLD CUP
Brasil

La emblemática estatua del Cristo Redentor se eleva por encima del Estadio Maracaná en Río de Janeiro. Ésta se convertirá en una vista familiar, durante la Copa Mundial de Brasil 2014.

BIENVENIDOS A BRASIL

Los aficionados al fútbol de Brasil se encuentran entre los más apasionados del planeta y por primera vez desde 1950 tendrán la oportunidad de ver a los mejores equipos del mundo en su propio país, que se une para organizar la Copa Mundial de la FIFA 2014. El carnaval del fútbol se llevará a cabo en 12 sedes que proporcionarán el escenario adecuado para un torneo tan esperado.

ESCENARIO LISTO

FIFA WORLD CUP
Brasil

Brasil pudo no haber sido el único candidato para organizar la Copa Mundial de la FIFA 2014, pero en los meses previos a la adjudicación del torneo no quedó ninguna duda de que ser seleccionados como el país sede iba a ser una conclusión inevitable.

Bajo el sistema de rotación continental que estaba en funcionamiento entonces, se sabía que Sudamérica sería elegida para organizar la Copa Mundial de la FIFA en 2014. Inicialmente, Brasil y Colombia habían manifestado su interés de ser considerados, pero en abril de 2007, seis meses antes de realizarse la elección, Colombia anunció que retiraba su oferta.

Eso dejó a Brasil como el único candidato, pero tanto la Confederação Brasileira de Futebol (CBF) y la FIFA dejaron en claro que nada daban por sentado. El presidente de la FIFA, Joseph S. Blatter, señaló que la decisión final

fácilmente podría ser pospuesta por un año si no se lograban todos los requisitos estipulados.

Blatter dijo en abril de 2007: "Por el momento, Brasil todavía no se ha seleccionado para la Copa del Mundo. Si algo sucede con la oferta de Brasil, estamos a tiempo de empezar de nuevo, ya que el proceso tiene un año de antelación con relación a la toma de decisiones en ediciones anteriores, a otras Copas del Mundo".

Brasil, que anteriormente fue sede de la final en 1950, sabía que había mucho trabajo por hacer en términos de modernización y construcción de estadios; no se durmió sobre sus laureles. La CBF presentó un

documento de 900 páginas a la FIFA que detallaba en su totalidad los planes, incluyendo una visita a las posibles 18 sedes, con una capacidad para 40 000 espectadores o más.

El siguiente paso, en agosto de 2007, fue la visita a Brasil de un equipo de inspección de la FIFA, que identificó que, de los 18 estadios, cuatro tendrían que ser construidos desde cero y los otros 14 tendrían que ser renovados sustancialmente.

En ese momento, muchos de los estadios ni siquiera estaban equipados para comentaristas de televisión, pero el informe de inspección de la FIFA declaró que "Brasil era capaz de realizar una Copa Mundial de la FIFA excepcional".

Los inspectores dijeron que la FIFA debía mantener una estrecha colaboración con los organizadores y comenzar de inmediato. "Brasil tiene una rica historia de encuentros deportivos y otros eventos internacionales", agregó el informe, "pero las normas y exigencias de la Copa Mundial de la FIFA superan con creces a las de cualquier otro evento organizado por Brasil en términos de magnitud y complejidad".

El equipo de inspección opinó que sería importante que los expertos de la FIFA revisaran el proceso cuidadosamente así como el progreso de la selección de las ciudades anfitrionas para asegurar que el financiamiento adecuado se comprometiera y se fijara al momento de la fecha límite para la selección de las ciudades sede y las instalaciones del estadio relacionadas y las obras de construcción de los estadios.

FIFA
For the Game. For the World.

2014 FIFA World Cup

Brazil

El 30 de octubre de 2007, funcionarios de la CBF y el equipo encargado de las licitaciones brasileñas se reunieron en la sede de la FIFA en Zurich para una reunión del comité ejecutivo donde se anunció oficialmente que Brasil sería la sede del torneo 2014. El anuncio provocó celebraciones en todo el país y el presidente de la FIFA reveló que había quedado impresionado por los planes de Brasil para 2014.

Blatter dijo: "La tarea no fue fácil; para nosotros fue un gran desafío tener la misma lista de requisitos y las mismas condiciones para un solo candidato que si hubieran sido dos y tal vez hubiéramos puesto el listón más alto si hubiese sido el caso. La delegación hizo una extraordinaria presentación y fuimos testigos de que esta Copa del Mundo en Brasil tendrá un gran impacto social y cultural. Éste es el país que ha dado al mundo el mejor fútbol y los mejores jugadores, cinco veces campeones del mundo. Por ello el comité ejecutivo ha decidido por unanimidad otorgar el derecho y responsabilidad de organizar el Mundial de 2014 a Brasil".

Después del anuncio, Blatter le entregó el trofeo de la Copa Mundial de la FIFA al entonces presidente de Brasil, Luiz Inácio Lula da Silva, que había volado a Zurich para el anuncio. Lula respondió: "Para nosotros, el fútbol no es sólo un deporte, es más que eso: para nosotros, el fútbol es una pasión, una pasión nacional".

Esa pasión estará ahí para que todos la vean en la Copa Mundial de la FIFA 2014.

Arriba: presidente de la FIFA Joseph S. Blatter (derecha) y el entonces presidente de Brasil, Luiz Inácio Lula da Silva, con el Trofeo de la Copa Mundial de la FIFA durante el anuncio en Zurich.

Opuesto: Blatter hace el anuncio formal después de una reunión del comité ejecutivo en la sede de la FIFA en Zurich.

NACIÓN DEL FÚTBOL

FIFA WORLD CUP
Brasil
2014

Los nombres fluyen evocando recuerdos de seductores momentos y grandes hazañas en la historia del fútbol mundial: Didí, Garrincha, Jairzinho, Tostao, Gerson, Pelé, Rivelino, Zico, Sócrates, Ronaldo, Rivaldo, Ronaldinho...

Son los niños de Brasil. Los hombres que han usado las emocionantes camisetas amarillo canario de la selección nacional de Brasil y, al hacerlo, se han convertido en tesoros internacionales de los seguidores de fútbol que gustan que su deporte se juegue con audacia y estilo.

La cúspide de esa ilustre lista es Edson Arantes do Nascimento, conocido como Pelé y considerado por muchos como el mejor futbolista que jamás haya vivido. No sólo porque anotó 77 goles en 92 partidos con Brasil, o que es el único futbolista que ha sido miembro de tres equipos que ganaron la copa mundial, o el hecho de que era famoso por sus electrizantes gambetas, su ritmo, su potente disparo, su excepcional

capacidad para cabecear además de ser un prolífico goleador.

Pelé es uno de los más grandes debido al paquete completo. Era lo más cercano que se llega al futbolista perfecto y, como tal, encapsula todas las facetas de la herencia futbolística de Brasil.

"Yo he nacido para jugar fútbol, al igual que Beethoven nació para escribir música", alguna vez reflexionó Pelé y lo mismo podría decirse de muchos de los grandes de Brasil.

No es de extrañar que Brasil es el país de fútbol más exitoso en la tierra, después de ganar cinco Copas Mundiales de la FIFA, en 1958, 1962, 1970, 1994 y 2002. También es la única selección que ganó la Copa Mundial en cuatro continentes

diferentes: en Europa (Suecia 1958), en América del Sur (Chile 1962), dos en América del Norte (México 1970 y Estados Unidos 1994) y una vez en Asia (Corea/Japón 2002). También es la única nación que ha jugado en todas las Copa del Mundo desde que el torneo se puso en marcha en 1930. Y la única nación que ha mantenido el trofeo, lo que hizo antes de ganar el torneo por tercera vez en 1970, aunque el trofeo Jules Rimet, como se le conocía, fue robado en 1983 y se cree que los ladrones lo fundieron. Sin embargo, a pesar del regate de Garrincha, el garbo de Zico y el brillo de Pelé, el patrimonio de Brasil no se reduce a los individuos. En realidad no. Todo se reduce a forjar grandes equipos con esos individuos, ninguno mejor que el conjunto de 1970, reconocido muy probablemente como el mejor equipo en jugar el deporte más popular del mundo.

Fue el equipo capitaneado por Carlos Alberto, inspirado en el mediocampo por Tostao y Rivelino, tenía profundidad en la penetración por Jairzinho y guiado con gracia sublime por Pelé. ¿Quién podría olvidar el choque épico en Guadalajara con Inglaterra, los campeones del mundo defensores, que terminó 1-0 a favor de Brasil después de la que muchos dicen ha sido la mejor atajada por parte de un guardameta, el desvío de un remate de cabeza de Pelé por Gordon Banks, y de la famosa fotografía de Pelé y el capitán inglés Bobby Moore abrazados tras el pitido final?

¿Quién podría olvidar que Brasil derrotó a Italia 4-1 con un último gol

clásico de Carlos Alberto, en una final que se celebraría en la moda típica de samba por parte de los futbolistas con más talento del mundo?

"Los Ingleses lo inventaron, los brasileños lo perfeccionaron". Esa es la frase con la que los fans de Brasil se burlan del resto del mundo y no hay duda de que el equipo de 1970 ha marcado la referencia para los equipos del futuro y, aunque faltaban 24 años para que Brasil levantara el trofeo una vez más, el legado de Pelé y compañía se vive en la actualidad.

Es por eso que el 12 de junio de 2014 en la Arena de Sao Paulo, Brasil, cuando inicie la 20 edición de la Copa Mundial de la FIFA, el mundo del fútbol espera algo extraordinario. La historia de Brasil dice que no te decepcionará.

Arriba: Roberto Rivelino, miembro de la gran selección de Brasil que ganó la Copa Mundial de la FIFA 1970 en México.

Derecha: Pelé, para muchos el mejor de todos ellos, aclamado por los fanáticos después de la final de 1970.

Opuesto: Centrocampista maestro Zico continuó con la hermosa tradición de fútbol brasileña.

LAS SEDES

FIFA WORLD CUP
Brasil

Brasil es el país más grande de América del Sur, cubre más de la mitad del continente y, con alrededor de 190 millones de habitantes, es el quinto más poblado del mundo. Es un país que enloquece por el fútbol y ya está todo listo para que albergue la Copa Mundial de la FIFA por segunda vez, con juegos que tendrán lugar en 12 ciudades diferentes.

Brasil es uno de los países más acogedores del planeta y hay muchas razones por las que se ha convertido en un destino turístico muy popular. Con impresionantes playas de arena blanca, grandes selvas y ciudades vibrantes como Río de Janeiro y Sao Paulo, Brasil tiene mucho que ofrecer. Además de prepararse para albergar la Copa Mundial de la FIFA 2014 seguirán los Juegos Olímpicos y Paralímpicos dos años después. Estos sin duda son días emocionantes para este país.

Los brasileños son conocidos por su amor a la fiestas, con coloridos carnavales que compiten con cualquiera en el mundo. Los lugareños y aficionados de todo el planeta bailarán al ritmo de la samba como nunca antes, cuando la Copa Mundial de la FIFA se realice en Brasil nuevamente 64 años después. Cuando la final se celebró por primera ocasión en Brasil en 1950 sólo se utilizaron seis estadios en otras tantas ciudades, pero el espectáculo de 2014 serán muy diferente al de ese torneo.

El estadio más grande y sin duda uno de los más famosos del mundo es el Estadio Mario Filho Jornalista o Maracaná como es conocido más comúnmente. Construido para la Copa Mundial de la FIFA 1950, la sede de Río de Janeiro tenía un aforo de más de 200 000 espectadores y aunque, tras una importante remodelación previa a la Copa Mundial de la FIFA 2014, fue reducido a 73 531 para el torneo, sigue siendo el estadio más grande de Brasil. El

Maracaná fue sede del último partido en 1950 (no hubo final y Brasil perdió ante Uruguay), y lo será de nuevo el 13 de julio del 2014.

Así como en Río de Janeiro, los partidos se jugarán en todo el país en estadios tanto antiguos como nuevos, con el pueblo de Brasil listo para demostrar la hospitalidad que les ha dado fama.

Grandes cantidades de dinero se han invertido en la construcción de seis estadios especialmente para la Copa del Mundo de la FIFA, y se llevaron a cabo importantes remodelaciones en cinco de las sedes. En Brasilia el Estadio Mané Garrincha, fue demolido y sustituido por el Estadio Nacional.

Una de las nuevas sedes es la Arena Amazonia en Manaus, ciudad que es la puerta de entrada a la selva amazónica, la selva tropical más extensa de la Tierra. El estadio fue diseñado para semejar una cesta de paja, un producto famoso en la región, además se hizo hincapié en asegurar que la sede sea amigable con el medio ambiente.

Desde 1978 no se había celebrado una Copa Mundial de la FIFA en Sudamérica, pero el amor de Brasil al fútbol garantiza que la espera valió la pena.

El legendario Estadio Maracaná de Río de Janeiro será la sede de la final el 13 de julio de 2014.

Copa Mundial de la FIFA Brasil 2014™

MANAUS ⑥

FORTALEZA ⑤

NATAL ⑦

RECIFE ⑨

SALVADOR ⑪

CUIABA ③

BRASILIA ②

BELO HORIZONTE ①

RIO DE JANEIRO ⑩

SAO PAULO ⑫

CURITIBA ④

PORTO ALEGRE ⑧

① Estadio

Región Norte

Región Nordeste

Región Centro-Occidental

Región Sudeste

Región Sur

1		ESTADIO MINEIRAO	5		ESTADIO CASTELAO	9		ARENA PERNAMBUCO
2		ESTADIO NACIONAL	6		ARENA AMAZONIA	10		ESTADIO MARACANÁ
3		ARENA PANTANAL	7		ESTADIO DAS DUNAS	11		ARENA FONTE NOVA
4		ARENA DA BAIXADA	8		ESTADIO BEIRA-RIO	12		ARENA DE SAO PAULO

BELO HORIZONTE

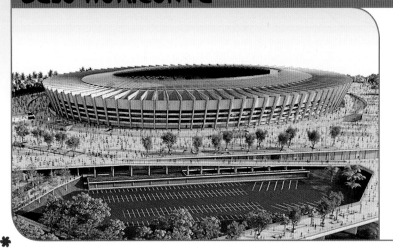

Estadio Mineirão
CIUDAD: Belo Horizonte
CAPACIDAD: 62 547
PARTIDOS: Seis, incluyendo una semifinal

La casa del Atlético Mineiro y Cruzeiro se encuentra en el barrio Pamphula en Belo Horizonte y se ha reconstruido para la Copa Mundial de la FIFA 2014. Los aficionados pueden disfrutar de un mejor acceso al estadio, que conserva el vibrante ambiente que le da la reputación como uno de los mejores en el mundo.

BRASILIA

Estadio Nacional
CIUDAD: Brasilia
CAPACIDAD: 70 042
PARTIDOS: Siete, entre ellos uno de cuartos de final y por el tercer lugar.

Prácticamente una nueva sede a raíz de la demolición del estadio Mane Garrincha, el Estadio Nacional es el segundo más grande en la Copa Mundial de la FIFA. La fachada circular, con el techo y soportes de metal, es un diseño icónico y el estadio será utilizado para conciertos y eventos culturales después del torneo.

CUIABA

Arena Pantanal
CIUDAD: Cuiaba
CAPACIDAD: 42 968
PARTIDOS: Cuatro

Pantanal, apodado el gran verde debido a su construcción con materiales sostenibles, es un estadio edificado especialmente para la Copa Mundial de la FIFA 2014. El diseño es adaptable, lo que significa que es probable que el tamaño se reduzca después del torneo, para albergar a los clubes locales Mixto y Operario.

CURITIBA

Arena da Baixada

CIUDAD: Curitiba
CAPACIDAD: 41 456
PARTIDOS: Cuatro

Fue apropiado elegir este estadio como sede de la Copa Mundial de la FIFA 2014 ya que celebra su 100 aniversario este año. Ha sido renovado dos veces, la primera vez en 1999 y, más recientemente, en la preparación para el torneo. Con sede en la región de Agua Verde de Curitiba, ahora es un estadio moderno, la casa del Atlético Paranaense

FORTALEZA

Estadio Castelao

CIUDAD: Fortaleza
CAPACIDAD: 64 846
PARTIDOS: Seis, incluyendo uno de cuartos de final

El Castelao es un majestuoso estadio que se ha renovado para la Copa Mundial de la FIFA 2014. Será sede de Brasil en la fase de grupos. Ceará y Fortaleza son los clubes locales. Es un moderno estadio con estacionamiento subterráneo, palcos, zona VIP, sala de prensa, zona mixta y vestuarios totalmente remodelados.

MANAUS

Arena Amazonia

CIUDAD: Manaus
CAPACIDAD: 42 374
PARTIDOS: Cuatro

Ubicado en el extremo noroeste de Brasil, la zona de los alrededores del renovado estadio proporcionará tanta atracción como el fútbol, debido a la belleza natural de la selva amazónica. El estadio en sí es impresionante y su diseño le hace un guiño a la industria local ya que su forma asemeja a una cesta de paja, producto por el que la región es famosa.

NATAL

Estadio das Dunas

CIUDAD: Natal
CAPACIDAD: 42 086
PARTIDOS: Cuatro

Esta sede es totalmente nueva, construida específicamente para la Copa Mundial de la FIFA 2014. Fue construido en el sitio del antiguo estadio conocido como Machado y ahora es una sede moderna y autosuficiente. El nombre se refiere a las dunas de arena que son famosas en la región de Natal; su diseño también representa a las dunas.

PORTO ALEGRE

Estadio Beira-Río

CIUDAD: Porto Alegre
CAPACIDAD: 48 849
PARTIDOS: Cinco, incluyendo uno de segunda ronda

El hogar de uno de los clubes más famosos de Brasil, Internacional, este lugar es apodado El Gigante de Beira-Rio. El lugar más al sur de la Copa Mundial de la FIFA 2014, a sólo 400 km de la frontera con Uruguay, es el estadio más grande en el sur de Brasil. Reconstruido para el torneo, ahora incluye un impresionante techo sobre los asientos.

RECIFE

Arena Pernambuco

CIUDAD: Recife
CAPACIDAD: 44 248
PARTIDOS: Cinco, incluyendo uno de segunda ronda

Recife fue una ciudad sede de la Copa Mundial de la FIFA 1950, pero tiene un nuevo estadio para el 2014. El Pernambuco se encuentra en la zona de Sao Lourenco da Mata de la ciudad, y es parte de un proyecto de expansión destinado a dar un impulso financiero a un área privada. Después del torneo, el Club Náutico se mudará al estadio.

RÍO DE JANEIRO

Estadio do Maracaná
CIUDAD: Río de Janeiro
CAPACIDAD: 73 531
PARTIDOS: Siete, incluyendo la final

El Maracaná es uno de los estadios más famosos del mundo y es la segunda atracción turística en Río de Janeiro. Llegó a ser el estadio más grande del planeta. Para la Copa Mundial de la FIFA 2014 todos los espectadores podrán estar sentados; es el estadio más grande del torneo. La forma de cuenco es emblemática y se le añadió un techo.

SALVADOR

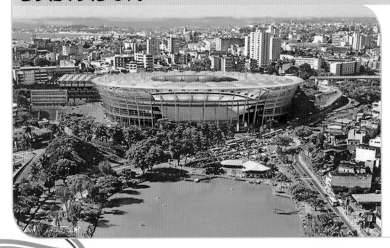

Arena Fonte Nova
CIUDAD: Salvador
CAPACIDAD: 48 747
PARTIDOS: Seis, entre ellos uno de cuartos de final

Construido en el sitio del estadio Octavio Mangabeira, su diseño es el de un estadio moderno; se asienta en el antiguo terreno de juego y ha sido equipado con un techo liviano que cubre las gradas. En la zona hay un restaurante panorámico, un museo de fútbol, estacionamientos, tiendas, hoteles y una sala de conciertos.

SAO PAULO

Arena de Sao Paulo
CIUDAD: Sao Paulo
CAPACIDAD: 65 807
PARTIDOS: Seis, incluyendo una semifinal

La Copa Mundial de la FIFA 2014 se inagurará en este nuevo estadio; después del torneo se convertirá en el hogar de los gigantes Corinthians de Brasil. Construido en el este de la ciudad, en Itaquera, el desarrollo dio empleo a 6 000 personas en una región desfavorecida. Después del torneo, la capacidad del estadio se reducirá en 20 000.

UNA PASIÓN NACIONAL

FIFA WORLD CUP
Brasil

En Brasil el fútbol no es sólo un deporte. No es simplemente un juego. Es una forma de vida. Y la contribución brasileña al mundo del fútbol va más allá de los grandes nombres en el campo. La pasión y la vitalidad de los fanáticos brasileños se han convertido en una parte tan importante del certamen como las propios camisetas amarillas.

En un país donde 50 millones de personas viven por debajo del umbral de pobreza, el juego ofrece, para algunos, un camino para salir de la miseria, y para otros, un vehículo que puede dar cauce a las tensiones sociales y políticas propias de una nación diversa. El fútbol, se dice, une a los brasileños, dando esperanza, brindando alegría y proporcionando un tema común alrededor del cual pueden reunirse.

Es por ello que las playas de Río se llenan diariamente con niños que emulan a sus héroes, pasados y presentes, como Pelé, Zico, Ronaldo, Ronaldinho y Neymar. Es por esto que 10 000 brasileños juegan profesionalmente al fútbol en el mundo y más de 600 de ellos en las mejores ligas europeas. Más que en cualquier otro país, en Brasil el fútbol se ha convertido en una parte integral del marco social y político de la nación.

El ánimo nacional depende de si la Seleção, el equipo nacional, ganó o perdió. Esa poderosa idea es por la que los brasileños a menudo se refieren a su país como "el país del fútbol", esto a pesar de que el juego fue introducido al país en el siglo XIX, de manera independiente, por dos escoceses, Thomas Donohue y Charles Miller. Entonces el juego estaba reservado a los blancos de la clase alta, y Brasil comenzó a forjar una reputación de juego espectacular cuando éste fue adoptado por las masas negras y se convirtió en el juego de la gente. Un juego que era gratis y fácil de jugar, una fuente de esparcimiento simple. Es bien sabido que hasta Pelé, para muchos el mejor jugador de todos los tiempos, comenzó a jugar con una pelota hecha con periódicos metidos dentro de medias.

Con el tiempo, el juego se basó en la velocidad, talento y capacidad de regate. Los brasileños se refieren a eso como una "forma de arte", mientras que el historiador Gilberto Freyre escribió en 1959: "Los brasileños juegan al fútbol como si fuera un baile". Se convirtió en el pasatiempo que definió a la nación, sobre todo después del primer Campeonato Mundial obtenido en 1958 en Suecia, que fue una celebración del brío y vitalidad que Brasil trajo al juego. Para ver cómo une a las personas, sólo se tiene que recordar la esperanza, el orgullo y la unión que generó cuando el equipo de 1970 ganó el trofeo Jules Rimet por tercera vez. En ese momento el país era gobernado por los militares y los derechos políticos de miles de ciudadanos estaban suspendidos. En resumen, el país estaba en crisis. La victoria en la Copa Mundial de la FIFA, por un equipo venerado como el más grande en la historia del juego, permitió a los brasileños mirar más allá de la inestabilidad y los disturbios que habían llegado a considerarse como normales. Su fanatismo por el fútbol y el nacionalismo brillaban entonces, como en 2013, cuando la ruta de Brasil a la victoria en la Copa Confederaciones de la FIFA estuvo acompañada de protestas contra la falta de inversión en servicios sociales en comparación con el gasto en la Copa del Mundo y los Juegos Olímpicos de 2016.

Lo curioso era que, así como las protestas eran prolongadas y generalizadas, la gente también fue arrastrada por las celebraciones nacionales con intensos festejos por la victoria de Brasil ante España en la final. En la cultura brasileña, el fútbol es lo primero y es fervoroso. Impacta individualmente a las personas. Afecta su bienestar. Se maneja el estado de ánimo de la nación. Por esto la Copa Mundial de la FIFA 2014 es tan importante para Brasil en muchos niveles.

Arriba y opuesto: Los fanáticos brasileños dan el color y entusiasmo a todos los partidos que sus héroes juegan en casa y alrededor del mundo.

Keisuke Honda anota desde el manchón penal el empate a 1-1 que convirtió a Japón en el primer calificado, después de los anfitriones, a la Copa Mundial de la FIFA 2014.

EL CAMINO A RÍO

Desde que Brasil quedó elegido como sede del Mundial, todas las selecciones del mundo tuvieron un incentivo especial para ganar su boleto de participación a la Copa, por lo que las eliminatorias tuvieron una mezcla especial de drama, furor, sorpresa y fascinación que nunca antes se había visto. De 203 equipos, la lista final de participantes se reduce a 31 selecciones que, a la par del anfitrión, están hambrientos de demostrar de lo que son capaces.

FIFA WORLD CUP
Brasil

¿CÓMO CALIFICARON?

FIFA WORLD CUP
Brasil

La final de la Copa Mundial de la FIFA 2014 se celebrará el 13 de julio en Río de Janeiro, con lo cual se pone fin a un torneo con más de tres años de duración y que abarca los seis continentes del mundo. Calificar para el Mundial es un logro muy importante en la carrera profesional de cualquier jugador y algunos han tenido que trabajar más que otros para lograrlo.

El largo camino hacia Brasil comenzó en junio de 2011, cuando Belice se enfrentó a Monserrat en un partido con sólo 150 espectadores. Casi dos años y medio después, y luego de 819 partidos, la lista final de participantes quedó definida. La búsqueda de un boleto para la Copa Mundial de la FIFA fue feroz, pues todos los jugadores del mundo sueñan con representar a su país en el escaparate futbolístico más importante de la historia. Sólo 31 selecciones pueden tener un lugar, lo cual asegura frenesí para algunos y amargura para otros. Si bien la calificación nunca estuvo en riesgo para algunas de las potencias más importantes, para otros equipos se trató de una lucha sin fin ni tregua. Comenzando por el triplete que Deon McCaulay anotó con la selección de Belice y terminando con la actuación de Cristiano Ronaldo en el partido de Portugal vs la Suecia de Zlatan Ibrahimovic, la calidad futbolística de las eliminatorias siempre fue en aumento. Japón fue el primer equipo en calificar cuando Keisuke Honda marcó un penal en tiempo de compensación contra Australia, asegurando así el primer lugar de los japoneses en el grupo B de la zona y aún con un partido por disputarse. Australia tuvo que esperar hasta su último encuentro con Irak para que Joshua Kennedy marcara el gol que los llevara a su tercera Copa Mundial consecutiva. Por su parte, la defensa iraní fue clave para que su selección consiguiera el primer lugar del grupo A de la zona, concediendo tan sólo dos goles en ocho partidos y quedando por encima de Corea

del Sur, quien, a su vez, logró calificar gracias a la diferencia de goles que lo separaba de Uzbekistán. La suerte no estuvo de parte de Uzbekistán en las eliminatorias, sobre todo en aquella ronda de penales en la que perdió 9-8 contra Jordania, que tuvo que ir al repechaje contra un país sudamericano por uno de los últimos boletos. Quien sí tuvo la suerte de su lado fue Uruguay, país que, a pesar de contar con Luis Suárez, el goleador de la eliminatoria sudamericana con 11 tantos, consiguió su boleto por cuarta ocasión en el repechaje. Gracias a la experiencia, Uruguay venció 5-0 a Jordania en el partido de ida, con el cual se hizo una realidad su participación en Brasil, escenario de su único campeonato en 1950. Argentina comenzó mal su camino hacia Río perdiendo por primera vez en su historia contra Venezuela y luego empató como local contra Bolivia. A partir de que vencieron a Colombia por 2-1, Argentina logró hilar 14 partidos sin derrota, con lo cual garantizaron su calificación dos jornadas antes de que concluyeran las eliminatorias, con jugadores como

Messi e Higuaín quienes, en conjunto, anotaron 19 goles. La tragedia azotó al mundo del fútbol cuando el delantero ecuatoriano Christian Benítez murió de un problema cardiaco. "Chucho", como le llamaban de cariño, había marcado 4 goles para su selección antes de morir y sus compañeros de equipo mostraron su enorme carácter y quedaron arriba de Uruguay por diferencia de goles, más que nada por su racha de invictos como locales. Colombia y Chile dieron uno de los mejores partidos de la eliminatoria sudamericana. Con su juego ofensivo, Chile necesitaba una victoria para calificar y la consiguió marcando tres goles en el segundo tiempo. Después, como locales apenas pudieron rescatar un empate a tres goles, que fue suficiente para calificar, cuatro días antes de haber vencido a Ecuador. En Europa, Holanda y Alemania fueron las selecciones con mejores resultados, dejando ir tan sólo dos puntos en la ronda de grupos. Poco después se les unieron Bélgica, Italia, Suiza, Rusia, Inglaterra, España y Bosnia, que calificó por primera vez en su corta historia. Francia, campeona en 1998, estuvo a punto de quedar fuera al perder con Ucrania 2-0 en el partido de ida del repechaje. Antes que ellos, ninguna otra selección europea había logrado reponerse de un marcador tan adverso. Por ello, pasará a la historia la célebre noche en que, en el Stade de France, los franceses vencieron 3-0 como locales, más que nada por el doblete de Mamadou Sakho. El encuentro entre Portugal y Suecia prometía un combate espectacular entre dos de los mejores jugadores

Derecha: Los dos goles de Mamadou Sakho contra Ucrania fueron parte fundamental para que Francia, campeona en 1998, alcanzara un lugar en la Copa Mundial 2014.

Página anterior: Deon McCaulay, de Belice, marcó los primeros goles de la fase de eliminatorias, al lograr tres tantos en el partido contra Montserrat en junio de 2011.

del mundo, Ronaldo e Ibrahimovic, y nadie resultaría decepcionado. El primer golpe lo dio el jugador del Real Madrid, quien le dio a Portugal una ventaja mínima en el partido de ida. Ya en Escandinavia, en el partido de vuelta, parecía que el encuentro se había definido cuando Ronaldo volvió a marcar en el segundo tiempo, pero entonces Ibrahimovic revirió la situación al marcar dos goles en menos de cinco minutos. La celebración de los suecos no duró mucho tiempo pues Ronaldo completó su triplete al marcar dos goles en tan sólo tres minutos, convirtiéndose así en uno de los mejores anotadores de la historia de su selección y garantizando su presencia en el Mundial. Las cosas fueron un poco más sencillas para otros dos países europeos. La victoria de 3-1 de Grecia sobre Rumania les garantizó un lugar en la Copa e Islandia perdió su lugar al ser derrotado en tiempo de compensación por 2-0 contra Croacia, el sorpresivo semifinalista del Mundial de 1998. En África, un extraño sentimiento de *déjà vu* se dio cita en el continente cuando las mismas selecciones del Mundial de 2010 calificaron para el de 2014. Casi todas provienen del oeste de África y sólo Argelia proviene de una región distinta. Argelia logró su calificación al vencer a Burkina Faso por diferencia de goles, gracias a los tantos de Madjid Bougherra, su selección superó un marcador adverso en el partido de ida ganando 3-2. Ghana consiguió cinco victorias en seis partidos y luego destrozó a Egipto con un

marcador global de 7-3. Nigeria y Camerún vencieron cómodamente a Etiopía y Túnez, respectivamente, mientras que Costa de Marfil entregó todo en la cancha aun antes de que Salomon Kalou metiera un gol en tiempo de compensación que dejaría el marcador global en 4-2. México fue el país que tuvo más dificultades en las eliminatorias de la Concacaf y estuvo en peligro de quedar fuera por primera vez desde 1990. A tan sólo unos minutos de quedar eliminado, fue salvado por los dos goles que, en tiempo de compensación, metió Estados Unidos en su partido contra Panamá. Con ese resultado, México consiguió un

cuarto lugar de grupo que le aseguró el repechaje contra Nueva Zelanda, campeones de Oceanía, compromiso que el Tri superó con facilidad con marcador global de 9-3. Estados Unidos quedó en primer lugar de la Concacaf después de una primera y sorpresiva derrota contra Honduras, selección que obtuvo otro resultado histórico al vencer como local a México 2-1 por primera vez en su historia, asegurando el tercer puesto de la zona, debajo de Costa Rica. Afortunadamente para México, la fase de eliminatorias es pasado pues hoy por hoy lo único que importa es el presente y de cada selección depende lo que le depare el futuro.

Izquierda: Didier Drogba celebra un gol de Costa de Marfil sobre Senegal para ganarse un lugar en la Copa Mundial de la FIFA.

ÁFRICA

RONDA 1

Congo	vs Santo Tomé y Príncipe	5-0	1-1	(6-1 global)
Namibia	vs Yibuti	4-0	4-0	(8-0 global)
Mozambique	vs Comoras	1-0	4-1	(5-1 global)
Ruanda	vs Eritrea	1-1	3-1	(4-2 global)
Congo	vs Suazilandia	3-1	5-1	(8-2 global)
Guinea Ecuatorial	vs Madagascar	2-0	1-2	(3-2 global)
Tanzania	vs Chad	2-1	0-1	(2-2 global, dif. de goles)
Togo	vs Guinea Bisáu	1-1	1-0	(2-1 global)
Kenia	vs Seychelles	3-0	4-0	(7-0 global)
Lesoto	vs Burundi	1-0	2-2	(3-2 global)
Etiopía	vs Somalia	0-0	5-0	(5-0 global)

RONDA 2

GRUPO A

	J	G	E	P	F	C	Pts
Etiopía	6	4	1	1	8	6	13
Sudáfrica	6	3	2	1	12	5	11
Botsuana	6	2	1	3	8	10	7
RCA	6	1	0	5	5	12	3

GRUPO B

	J	G	E	P	F	C	Pts
Túnez	6	4	2	0	13	6	14
Cabo Verde	6	3	0	3	9	7	9
Sierra Leona	6	2	2	2	10	8	8
Guinea Ecu.	6	0	2	4	6	15	2

GRUPO C

	J	G	E	P	F	C	Pts
Costa de M.	6	4	2	0	15	5	14
Marruecos	6	2	3	1	9	8	9
Tanzania	6	2	0	4	8	12	6
Gambia	6	1	1	4	4	11	4

GRUPO D

	J	G	E	P	F	C	Pts
Ghana	6	5	0	1	18	3	15
Zambia	6	3	2	1	11	4	11
Lesoto	6	1	2	3	4	15	5
Sudán	6	0	2	4	3	14	2

GRUPO E

	J	G	E	P	F	C	Pts
Burkina Faso	6	4	0	2	7	4	12
Congo	6	3	2	1	7	3	11
Gabón	6	2	1	3	5	7	7
Níger	6	1	1	4	6	12	4

GRUPO F

	J	G	E	P	F	C	Pts
Nigeria	6	3	3	0	7	3	12
Malawi	6	1	4	1	4	5	7
Kenia	6	1	3	2	4	5	6
Namibia	6	1	2	3	2	4	5

GRUPO G

	J	G	E	P	F	C	Pts
Egipto	6	6	0	0	16	7	18
Guinea	6	3	1	2	12	8	10
Mozambique	6	0	3	3	2	10	3
Zimbabue	6	0	2	4	4	9	2

GRUPO H

	J	G	E	P	F	C	Pts
Algeria	6	5	0	1	13	4	15
Mali	6	2	2	2	7	7	8
Benín	6	2	2	2	8	9	8
Ruanda	6	0	2	4	3	11	2

GRUPO I

	J	G	E	P	F	C	Pts
Camerún	6	4	1	1	8	3	13
Libia	6	2	3	1	5	3	9
Congo	6	1	3	2	3	3	6
Togo	6	1	1	4	4	11	4

GRUPO J

	J	G	E	P	F	C	Pts
Senegal	6	3	3	0	9	4	12
Uganda	6	2	2	2	5	6	8
Angola	6	1	4	1	8	6	7
Liberia	6	1	1	4	4	10	4

RONDA 3

Argelia	vs Burkina Faso	2-3	1-0	(3-3 global, dif. de goles)
Costa de Marfil	vs Senegal	3-1	1-1	(4-2 global)
Nigeria	vs Etiopía	2-1	2-0	(4-1 global)
Camerún	vs Túnez	0-0	4-1	(4-1 global)
Ghana	vs Egipto	6-1	1-2	(7-3 global)

CALIFICAN: Argelia, Camerún, Costa de Marfil, Ghana, Nigeria

SUDAMÉRICA

RONDA 1

	J	G	E	P	F	C	Pts
Argentina	16	9	5	2	35	15	32
Colombia	16	9	3	4	27	13	30
Chile	16	9	1	6	29	25	28
Ecuador	16	7	4	5	20	16	25
Uruguay	16	7	4	5	25	25	25
Venezuela	16	5	5	6	14	20	20
Perú	16	4	3	9	17	26	15
Bolivia	16	2	6	8	17	30	12
Paraguay	16	3	3	10	17	31	12

REPECHAJE INTERCONTINENTAL

Jordania	0	Uruguay	5
Uruguay	0	Jordania	0

Uruguay ganó 5-0 en el marcador global

CALIFICAN

Brasil (anfitrión), Argentina, Colombia, Chile, Ecuador, Uruguay

Arriba: Lionel Messi fue, como acostumbra, el centro de atención ya que puso a Argentina en el primer lugar de la eliminatoria.

ASIA

RONDA 1

Laos	vs Camboya	2-4	6-2	(8-6 global, t. extra)
Nepal	vs Timor	2-1	5-0	(7-1 global)
Palestina	vs Afganistán	2-0	1-1	(3-1 global)
Filipinas	vs Sri Lanka	1-1	4-0	(5-1 global)
Bangladesh	vs Pakistán	3-0	0-0	(3-0 global)
Myanmar	vs Mongolia	0-1	2-0	(2-1 global)
Vietnam	vs Macao	6-0	7-1	(13-1 global)
Malasia	vs Taipei	2-1	2-3	(4-4 global, dif. de goles)

Arriba: Japón y Australia calificaron a la Copa Mundial de la FIFA a pesar de haber quedado empatados en la fase final de grupos de las eliminatorias.

RONDA 2

China	vs Laos	7-2	6-1	(13-3 global)
Líbano	vs Bangladesh	4-0	0-2	(4-2 global)
Tailandia	vs Palestina	1-0	2-2	(3-2 global)
Indonesia	vs Turkmenistán	1-1	4-3	(5-4 global)
Irak	vs Yemen	2-0	0-0	(2-0 global)
Jordania	vs Nepal	9-0	1-1	(10-1 global)
Tayikistán	vs Siria	3-0	3-0	(6-0 global)
Uzbekistán	vs Kirguistán	4-0	3-0	(7-0 global)
Qatar	vs Vietnam	3-0	1-2	(4-2 global)
Kuwait	vs Filipinas	3-0	2-1	(5-1 global)
Irán	vs Maldivas	4-0	1-0	(5-0 global)
Singapur	vs Malasia	5-3	1-1	(6-4 global)
Omán	vs Myanmar	2-0	2-0	(4-0 global)
Emiratos Árabes U.	vs India	3-0	2-2	(5-2 global)
Arabia Saudita	vs Hong Kong	3-0	5-0	(8-0 global)

RONDA 3

GRUPO A

	J	G	E	P	F	C	Pts
Irak	6	5	0	1	14	4	15
Jordania	6	4	0	2	11	7	12
China	6	3	0	3	10	6	9
Singapur	6	0	0	6	2	20	0

GRUPO B

	J	G	E	P	F	C	Pts
Corea del S.	6	4	1	1	14	4	13
Líbano	6	3	1	2	10	14	10
Kuwait	6	2	2	2	8	9	8
EAU	6	1	0	5	9	14	3

GRUPO C

	J	G	E	P	F	C	Pts
Uzbekistán	6	5	1	0	8	1	16
Japón	6	3	1	2	14	3	10
Corea del N.	6	2	1	3	3	4	7
Tayikistán	6	0	1	5	1	18	1

GRUPO D

	J	G	E	P	F	C	Pts
Australia	6	5	0	1	13	5	15
Omán	6	2	2	2	3	6	8
Arabia S.	6	1	3	2	6	7	6
Tailandia	6	1	1	4	4	8	4

GRUPO E

	J	G	E	P	F	C	Pts
Irán	6	3	3	0	17	5	12
Qatar	6	2	4	0	10	5	10
Baréin	6	2	3	1	13	7	9
Indonesia	6	0	0	6	3	26	0

RONDA 4

GRUPO A

	J	G	E	P	F	C	Pts
Irán	8	5	1	2	8	2	16
Corea del S.	8	4	2	2	13	7	14
Uzbekistán	8	4	2	2	11	6	14
Qatar	8	2	1	5	5	13	7
Líbano	8	1	2	5	3	12	5

GRUPO B

	J	G	E	P	F	C	Pts
Japón	8	5	2	1	16	5	17
Australia	8	3	4	1	12	7	13
Jordania	8	3	1	4	7	16	10
Omán	8	2	3	3	7	10	9
Irak	8	1	2	5	4	8	5

RONDA 5

Jordania	1	Uzbekistán	1
Uzbekistán	1	Jordania	1

2-2 en el marcador global, Jordania ganó 9-8 en penales

REPECHAJE INTERCONTINENTAL

Jordania	0	Uruguay	5
Uruguay	0	Jordania	0

Uruguay ganó 5-0 en el marcador global

CALIFICAN

Australia, Irán, Japón, Corea del Sur

EUROPA

RONDA 1

Arriba: El partido de repechaje entre Portugal y Suecia fue un encontronazo entre dos de los mejores jugadores del mundo, Cristiano Ronaldo y Zlatan Ibrahimovich. Ronaldo salió vencedor en el encuentro, tras meter el único gol del partido de ida y luego marcar un triplete en el de vuelta, que terminó 3-2.

GRUPO A

	J	G	E	P	F	C	Pts
Bélgica	10	8	2	0	18	4	26
Croacia	10	5	2	3	12	9	17
Serbia	10	4	2	4	18	11	14
Escocia	10	3	2	5	8	12	11
Gales	10	3	1	6	9	20	10
Macedonia	10	2	1	7	7	16	7

GRUPO B

	J	G	E	P	F	C	Pts
Italia	10	6	4	0	19	9	22
Dinamarca	10	4	4	2	17	12	16
Rep. Checa	10	4	3	3	13	9	15
Bulgaria	10	3	4	3	14	9	13
Armenia	10	4	1	5	12	13	13
Malta	10	1	0	9	5	28	3

GRUPO C

	J	G	E	P	F	C	Pts
Alemania	10	9	1	0	36	10	28
Suecia	10	6	2	2	19	14	20
Austria	10	5	2	3	20	10	17
Irlanda	10	4	2	4	16	17	14
Kazajistán	10	1	2	7	6	21	5
I. Feroe	10	0	1	9	4	29	1

GRUPO D

	J	G	E	P	F	C	Pts
Holanda	10	9	1	0	34	5	28
Rumania	10	6	1	3	19	12	19
Hungría	10	5	2	3	21	20	17
Turquía	10	5	1	4	16	9	16
Estonia	10	2	1	7	6	20	7
Andorra	10	0	0	10	0	30	0

GRUPO E

	J	G	E	P	F	C	Pts
Suiza	10	7	3	0	17	6	24
Islandia	10	5	2	3	17	15	17
Eslovenia	10	5	0	5	14	11	15
Noruega	10	3	3	4	10	13	12
Albania	10	3	2	5	9	11	11
Chipre	10	1	2	7	4	15	5

GRUPO F

	J	G	E	P	F	C	Pts
Rusia	10	7	1	2	20	5	22
Portugal	10	6	3	1	20	9	21
Israel	10	3	5	2	19	14	14
Azerbaiyán	10	1	6	3	7	11	9
Irlanda del N.	10	1	4	5	9	17	7
Luxemburgo	10	1	3	6	7	26	6

GRUPO G

	J	G	E	P	F	C	Pts
Bosnia	10	8	1	1	30	6	25
Grecia	10	8	1	1	12	4	25
Eslovaquia	10	3	4	3	11	10	13
Lituania	10	3	2	5	9	11	11
Latvia	10	2	2	6	10	20	8
Liechtenstein	10	0	2	8	4	25	2

GRUPO H

	J	G	E	P	F	C	Pts
Inglaterra	10	6	4	0	31	4	22
Ucrania	10	6	3	1	28	4	21
Montenegro	10	4	3	3	18	17	15
Polonia	10	3	4	3	18	12	13
Moldavia	10	3	2	5	12	17	11
San Marino	10	0	0	10	1	54	0

GRUPO I

	J	G	E	P	F	C	Pts
España	8	6	2	0	14	3	20
Francia	8	5	2	1	15	6	17
Finlandia	8	2	3	3	5	9	9
Georgia	8	1	2	5	3	10	5
Bielorrusia	8	1	1	6	7	16	4

RONDA 2

Islandia	0	Croacia	0
Croacia	2	Islandia	0

Croacia ganó 2-0 en el marcador global

Portugal	1	Suecia	0
Suecia	2	Portugal	3

Portugal ganó 4-2 en el marcador global

Ucrania	2	Francia	0
Francia	3	Ucrania	0

Francia ganó 3-2 en el marcador global

Grecia	3	Rumania	1
Rumania	1	Grecia	1

Grecia ganó 4-2 en el marcador global

CALIFICAN

Bélgica, Bosnia, Inglaterra, Alemania, Italia, Holanda, Rusia, España, Suiza. Croacia, Portugal, Francia, Grecia

Izquierda: El choque de Estados Unidos y Costa Rica en su camino hacia los mejores lugares en el grupo final Concacaf.

NORTEAMÉRICA, CENTROAMÉRICA Y EL CARIBE

OCEANÍA

RONDA 1

Belice	vs Montserrat	5-2	3-1	(8-3 global)
Bahamas	vs Islas Turcas y Caicos	4-0	6-0	(10-0 global)
Islas Vírgenes EUA	vs Islas Vírgenes Británicas	2-0	2-1	(4-1 global)
Rep. Dominicana	vs Anguila	2-0	4-0	(6-0 global)
St. Lucía	vs Aruba	2-4	4-2	(6-6 global, 5-4 penales)

RONDA 1

	J	G	E	P	F	C	Pts
Samoa	3	2	1	0	5	3	7
Tonga	3	1	1	1	4	4	4
Samoa A.	3	1	1	1	3	3	4
Islas Cook	3	0	1	2	4	6	1

RONDA 2

GRUPO A

	J	G	E	P	F	C	Pts
El Salvador	6	6	0	0	20	5	18
R. Dominicana	6	2	2	2	12	8	8
Surinam	6	2	1	3	5	11	7
Islas Caimán	6	0	1	5	2	15	1

GRUPO D

	J	G	E	P	F	C	Pts
Canadá	6	4	2	0	18	1	14
Puerto Rico	6	2	3	1	8	4	9
S. Cristóbal y N.	6	1	4	1	6	8	7
Santa Lucía	6	0	1	5	4	23	1

GRUPO B

	J	G	E	P	F	C	Pts
Guyana	6	4	1	1	9	6	13
Trinidad & T	6	4	0	2	12	4	12
Bermuda	6	3	1	2	8	7	10
Barbados	6	0	0	6	2	14	0

GRUPO E

	J	G	E	P	F	C	Pts
Guatemala	6	6	0	0	19	3	18
Belice	6	2	1	3	9	10	7
San Vicente	6	1	2	3	4	12	5
Granada	6	1	1	4	7	14	4

GRUPO C

	J	G	E	P	F	C	Pts
Panamá	4	4	0	0	15	2	12
Nicaragua	4	2	0	2	5	7	6
Dominica	4	0	0	4	0	11	0

GRUPO F

	J	G	E	P	F	C	Pts
Antigua y B.	6	5	0	1	28	5	15
Haití	6	4	1	1	21	6	13
Curazao	6	2	1	3	15	15	7
I. Vírgenes EUA	6	0	0	6	2	40	0

RONDA 2

GRUPO A

	J	G	E	P	F	C	Pts
Tahití	3	3	0	0	18	5	9
Nva. Caledonia	3	2	0	1	17	6	6
Vanuatu	3	1	0	2	8	9	3
Samoa	3	0	0	3	1	24	0

GRUPO B

	J	G	E	P	F	C	Pts
N. Zelanda	3	2	1	0	4	2	7
Is. Salomón	3	1	2	0	2	1	5
Fiji	3	0	2	1	1	2	2
PNG	3	0	1	2	2	4	1

RONDA 3

	J	G	E	P	F	C	Pts
N. Zelanda	6	6	0	0	17	2	18
Nva. Caledonia	6	4	0	2	17	6	12
Tahití	6	1	0	5	2	13	3
Is. Salomón	6	1	0	5	5	21	3

RONDA 3

GRUPO A

	J	G	E	P	F	C	Pts
EUA	6	4	1	1	11	6	13
Jamaica	6	3	1	2	9	6	10
Guatemala	6	3	1	2	9	8	10
Antigua y B.	6	0	1	5	4	13	1

GRUPO B

	J	G	E	P	F	C	Pts
México	6	6	0	0	15	2	18
Costa Rica	6	3	1	2	14	5	10
El Salvador	6	1	2	3	8	11	5
Guyana	6	0	1	5	5	24	1

GRUPO C

	J	G	E	P	F	C	Pts
Honduras	6	3	2	1	12	3	11
Panamá	6	3	2	1	6	2	11
Canadá	6	3	1	2	10	6	10
Cuba	6	0	1	5	5	10	1

RONDA 4

	J	G	E	P	F	C	Pts
EUA	10	7	1	2	15	8	22
Costa Rica	10	5	3	2	13	7	18
Honduras	10	4	3	3	13	12	15
México	10	2	5	3	7	9	11
Panamá	10	1	5	4	10	14	8
Jamaica	10	0	5	5	5	13	5

REPECHAJE INTERCONTINENTAL

Nueva Zelanda	2	México	4
México	5	Nueva Zelanda	1

México ganó 9-3 en el marcador global

REPECHAJE INTERCONTINENTAL

Nueva Zelanda	2	México	4
México	5	Nva. Zelanda	1

México ganó 9-3 en el marcador global

CALIFICAN
EUA, Costa Rica, Honduras, México

EL SORTEO FINAL

FIFA WORLD CUP Brasil 2014

La expectativa por la Copa Mundial de la FIFA se incrementa cuando se definen los grupos de los equipos y sin lugar a dudas eso fue lo que ocurrió en diciembre en la ceremonia de Costa do Sauipe, en la que quedó definido el rol de juegos.

Todos los ojos del mundo se posaron en la lujosa Costa do Sauipe cuando, el 6 de diciembre del año anterior, se llevó a cabo el sorteo final de grupos, a cargo de los personajes más emblemáticos del mundo del fútbol.

Leyendas como Cafú, Fabio Cannavaro, Alcides Ghiggia, Fernando Hierro, Sir Geoff Hurst, Mario Kempes, Lothar Matthäus y Zinedine Zidane desfilaron en el escenario en representación de los últimos ocho países campeones y se unieron a Jerome Valcke, Secretario General

de la FIFA, y la conductora Fernanda Lima. Con 1 300 invitados, más de 2 000 representantes de medios de comunicación y una enorme audiencia televisiva de casi 200 naciones, los 32 países calificados fueron siendo distribuidos en ocho grupos diferentes, de los cuales podrán calificar a la siguiente ronda los dos primeros lugares. De acuerdo con el ranking de la FIFA, Argentina, Colombia, Uruguay, Bélgica, Alemania, España y Suiza se unieron a Brasil como cabezas de grupo.

Las demás selecciones quedaron agrupadas en distintos bombos (peseras) según su zona geográfica. Como en el continente europeo se calificaron nueve selecciones, se destinó un bombo especial para decidir cuál de estas selecciones pasaría a formar parte de las listas de calificados de África y Sudamérica, la cual resultó ser Italia. Brasil, por ser anfitrión, pasó automáticamente a la cabeza del grupo A. Así, tras un partido inaugural que se anticipa difícil contra Croacia en el estadio del Corinthians, en Sao Paulo, el anfitrión se enfrentará a México y a Camerún, en su búsqueda por llegar al sexto partido y conquistar la Copa Mundial de la FIFA. En el grupo B quedaron los dos equipos finalistas del Mundial pasado, a los cuales se les sumaron el siempre excitante equipo de Chile y el equipo de Australia, en el que quizá se pueda convertir en el "grupo de la muerte". Los primeros dos partidos de cuartos de final se disputarán entre los dos primeros lugares de ambos grupos, por lo que el director técnico de "la furia roja", Vicente del Bosque, admitió que conseguir el primer lugar de su grupo es crucial para intentar evadir a Brasil y poder seguir avanzando. "Hubiéramos deseado tener un grupo más sencillo", comentó. "Yo estoy seguro de que Brasil quedará primero en su grupo por lo que nosotros también debemos hacer lo mismo para evitar enfrentarlos en los cuartos". Sin embargo, el director técnico de Chile, Jorge Sampaoli, declaró: "Olvídense de Brasil. Primero tienen que calificar y este es un grupo muy

duro. Nosotros no le tenemos miedo a nadie". Por su parte, en el grupo D se darán cita tres países que ya han ganado por lo menos una vez la Copa Mundial; Uruguay, Inglaterra e Italia, quienes se verán acompañados de un rival complicado: Costa Rica. "No todos los días se ven juntas a tres selecciones campeonas del mundo, pero es justo por eso que el Mundial es tan especial", declaró el director técnico azzurri Prandelli. "Es la celebración futbolística más grande y, como tal, reúne a los mejores equipos". El entrenador inglés Roy Hodgson añadió: "Nuestros rivales tienen jugadores de primera clase: Suárez es un crack, igual que Cavani, Balotelli y Pirlo. Sin embargo, me

gusta pensar que nosotros también tenemos jugadores con la misma clase y que Italia y Uruguay piensan de la misma forma sobre Gerrard, Rooney y compañía". En el grupo G también habrá una reunión familiar pues ahí se encontrarán el defensor alemán Jerome Boateng y su medio hermano de la selección de Ghana Kevin-Prince Boateng, quienes ya tuvieron la oportunidad de enfrentarse en una Copa Mundial de la FIFA cuatro años atrás. Con el Portugal de Cristiano Ronaldo y los Estados Unidos dirigido por Jürgen Klinsmann presentes, no faltarán argumentos futbolísticos en este grupo. El actual director técnico de Alemania Joachim Low fue la mano

Arriba: Bailarines en el escenario durante la entretenida ceremonia del Sorteo.

Página anterior: Ex delantero de Brasil Bebeto, recrea su famosa celebración de su gol con la mascota del torneo Fuleco.

derecha de Klinsmann cuando éste dirigió al mismo equipo en el Mundial de 2006. Al respecto, ha dicho: "Por supuesto, la reunión con Jürgen será muy especial. También iremos contra Ghana, con quienes jugamos en el Mundial de 2010, y el reto de jugar contra de Cristiano Ronaldo y Portugal es por demás atractivo". Klinsmann comentó que: "se trata de uno de los grupos más difíciles de la Copa. Esperamos que podamos sorprender a muchos en Brasil".

GRUPO A

Junio 12, 9 pm, Sao Paulo
Brasil..............................
Croacia.............................

Junio 13, 5 pm, Natal
México..............................
Camerún...........................

Junio 17, 8 pm, Fortaleza
Brasil..............................
México.............................

Junio 18, 11 pm, Manaus
Camerún...........................
Croacia.............................

Junio 23, 9 pm, Brasilia
Camerún...........................
Brasil..............................

Junio 23, 9 pm, Recife
Croacia.............................
México.............................

TABLA GRUPO A

	J	G	E	P	F	C	Pts
1	3						
2	3						
3	3						
4	3						

GRUPO B

Junio 13, 8 pm, Salvador
España.............................
Holanda...........................

Junio 13, 11 pm, Cuiaba
Chile..............................
Australia...........................

Junio 18, 8 pm, Río de Janeiro
España.............................
Chile..............................

Junio 18, 5 pm, Porto Alegre
Australia...........................
Holanda...........................

Junio 23, 5 pm, Curitiba
Australia...........................
España.............................

Junio 23, 5 pm, Sao Paulo
Holanda...........................
Chile..............................

TABLA GRUPO B

	J	G	E	P	F	C	Pts
1	3						
2	3						
3	3						
4	3						

GRUPO C

Junio 14, 5 pm, Belo Horizonte
Colombia...........................
Grecia.............................

Junio 15, 2 am, Recife
Costa de Marfil....................
Japón..............................

Junio 19, 5 pm, Brasilia
Colombia...........................
Costa de Marfil....................

Junio 19, 11 pm, Natal
Japón..............................
Grecia.............................

Junio 24, 9 pm, Cuiaba
Japón..............................
Colombia...........................

Junio 24, 9 pm, Fortaleza
Grecia.............................
Costa de Marfil....................

TABLA GRUPO C

	J	G	E	P	F	C	Pts
1	3						
2	3						
3	3						
4	3						

GRUPO G

Junio 16, 5 pm, Salvador
Alemania...........................
Portugal...........................

Junio 16, 11 pm, Natal
Ghana..............................
Estados Unidos....................

Junio 21, 8 pm, Fortaleza
Alemania...........................
Ghana..............................

Junio 22, 11 pm, Manaus
Estados Unidos....................
Portugal...........................

Junio 26, 5 pm, Recife
Estados Unidos....................
Alemania...........................

Junio 26, 5 pm, Brasilia
Portugal...........................
Ghana..............................

TABLA GRUPO G

	J	G	E	P	F	C	Pts
1	3						
2	3						
3	3						
4	3						

GRUPO H

Junio 17, 5 pm, Belo Horizonte
Bélgica.............................
Argelia.............................

Junio 17, 11 pm, Cuiaba
Rusia..............................
Corea del Sur......................

Junio 22, 5 pm, Río de Janeiro
Bélgica.............................
Rusia..............................

Junio 22, 8 pm, Porto Alegre
Corea del Sur......................
Argelia.............................

Junio 26, 9 pm, Sao Paulo
Corea del Sur......................
Bélgica.............................

Junio 26, 9 pm, Curitiba
Argelia.............................
Rusia..............................

TABLA GRUPO H

	J	G	E	P	F	C	Pts
1	3						
2	3						
3	3						
4	3						

RONDA DE 16

1. Junio 28, 5 pm, Belo Horizonte
Ganador A..........................
Subcampeón B......................

2. Junio 28, 9 pm, Río de Janeiro
Ganador C..........................
Subcampeón D......................

3. Junio 29, 5 pm, Fortaleza
Ganador B..........................
Subcampeón A......................

4. Junio 29, 9 pm, Recife
Ganador D..........................
Subcampeón C......................

5. Junio 30, 5 pm, Brasilia
Ganador E..........................
Subcampeón F......................

6. Junio 30, 9 pm, Porto Alegre
Ganador G..........................
Subcampeón H......................

7. Julio 1, 5 pm, Sao Paulo
Ganador F..........................
Subcampeón E......................

8. Julio 1, 9 pm, Salvador
Ganador H..........................
Subcampeón G......................

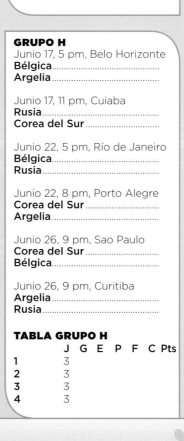

GRUPO D

Junio 14, 8 pm, Fortaleza
Uruguay ....
Costa Rica ....

Junio 14, 11 pm, Manaus
Inglaterra.............................
Italia....................................

Junio 19, 8 pm, Sao Paulo
Uruguay ....
Inglaterra.............................

Junio 20, 5 pm, Recife
Italia....................................
Costa Rica ....

Junio 24, 5 pm, Natal
Italia....................................
Uruguay ....

Junio 24, 5 pm, Belo Horizonte
Costa Rica ....
Inglaterra.............................

TABLA GRUPO D

	J	G	E	P	F	C	Pts
1	3						
2	3						
3	3						
4	3						

GRUPO E

Junio 15, 5 pm, Brasilia
Suiza...................................
Ecuador...............................

Junio 15, 8 pm, Porto Alegre
Francia.................................
Honduras..............................

Junio 20, 8 pm, Salvador
Suiza...................................
Francia.................................

Junio 20, 11 pm, Curitiba
Honduras..............................
Ecuador...............................

Junio 25, 9 pm, Manaus
Honduras..............................
Suiza...................................

Junio 25, 9 pm, Río de Janeiro
Ecuador...............................
Francia.................................

TABLA GRUPO E

	J	G	E	P	F	C	Pts
1	3						
2	3						
3	3						
4	3						

GRUPO F

Junio 15, 11 pm, Río de Janeiro
Argentina..............................
Bosnia..................................

Junio 16, 8 pm, Curitiba
Irán ....
Nigeria.................................

Junio 21, 5 pm, Belo Horizonte
Argentina..............................
Irán ....

Junio 21, 11 pm, Cuiaba
Nigeria.................................
Bosnia..................................

Junio 25, 5 pm, Porto Alegre
Nigeria.................................
Argentina..............................

Junio 25, 5 pm, Salvador
Bosnia..................................
Irán ....

TABLA GRUPO F

	J	G	E	P	F	C	Pts
1	3						
2	3						
3	3						
4	3						

CUARTOS DE FINAL

A. Julio 4, 9 pm, Fortaleza
Ganador 1.............................
Ganador 2.............................

B. Julio 4, 5 pm, Río de Janeiro
Ganador 5.............................
Ganador 6.............................

C. Julio 5, 9 pm, Salvador
Ganador 3.............................
Ganador 4.............................

D. Julio 5, 5 pm, Brasilia
Ganador 7.............................
Ganador 8.............................

SEMIFINALES

Julio 8, 9 pm, Belo Horizonte
Ganador A.............................
Ganador B.............................

Julio 9, 9 pm, Sao Paulo
Ganador C.............................
Ganador D.............................

TERCER Y CUARTO LUGAR

Julio 12, 9 pm, Brasilia
....
....

FINAL COPA MUNDIAL FIFA

Julio 13, 8 pm, Río de Janeiro
....
....

Todos los horarios están en el
horario brasileño de verano

FIFA WORLD CUP
Brasil

Jugadores y directivos de España
celebran después de ganar la
Copa Mundial de la FIFA 2010 en
Johannesburgo. Ahora defienden su
título en Brasil contra otras 31 naciones.

CONOCE A LOS EQUIPOS

Participar en la Copa Mundial de la FIFA es el pináculo de la carrera para un futbolista y 31 equipos que, a través de la clasificación, han llegado para ganar el derecho a unirse a los anfitriones para la última edición del torneo. Algunos jugadores se preparan para mostrar sus talentos ya que son superestrellas mundiales, mientras otros, menos conocidos, ahora tienen la oportunidad de mostrar su talento frente a una audiencia global.

BRASIL

LOS MUCHACHOS DE LA SAMBA

Brasil ha ganado la Copa Mundial de la FIFA cinco veces, un récord, pero sería mejor si ganaran en su país. El equipo anfitrión quizá no sea la potencia que alguna vez fue, pero se espera que el entrenador Luiz Felipe Scolari aporte el toque del Rey Midas, una vez más.

Siempre existe un gran peso en las expectativas en Brasil de ganar la Copa Mundial de la FIFA, pero rara vez una nación en su propio territorio está más presionada para levantar el famoso trofeo que los muchachos de la samba. El país sudamericano es de los pesos pesados del fútbol mundial, después de haberse coronado cinco veces campeones del mundo —más que cualquier otro país—. Conocidos por su talento, habilidades y su excepcional capacidad natural, Brasil, de cara a los torneos importantes, suele ser uno de los favoritos y no será diferente cuando compitan para convertirse en campeones del mundo por sexta vez. Las selecciones de Brasil en los años pasados han tenido un aura de invencibilidad, pero no han constituido una fuerza dominante durante los últimos años. En cada una de las dos últimas Copas Mundiales de la FIFA, Brasil ha sido eliminado en la fase de cuartos de final y tampoco pudo avanzar más allá de los cuartos de final en la Copa América 2011. Los últimos años han sido un período de transición para Brasil, pero el entrenador Luiz Felipe Scolari confía en que se puede crear una fórmula ganadora cuando más importa.

Scolari dijo: "Quiero que los fanáticos de Brasil sepan que estamos construyendo un equipo fuerte. Todo el mundo sabe que no hay atajos para el éxito, se necesita ganar en etapas y tenemos que ir etapa por etapa para llegar a la meta final."

Scolari tiene mucha experiencia, él planeó y consiguió el más reciente

ENTRENADOR

LUIZ FELIPE SCOLARI
No hay muchos entrenadores con más experiencia que Luiz Felipe ("Felipao") Scolari. Él guiará las esperanzas en la Copa Mundial de la FIFA 2014 de una nación loca por el fútbol. Scolari llevó a Brasil a la gloria de la Copa Mundial de la FIFA en Japón y Corea en 2002 y a los de 65 años de edad estará buscando repetir esa hazaña después de que fuera nombrado entrenador de los muchachos de la samba por segunda vez en noviembre de 2012. Uno de los personajes más pintorescos en el juego, Scolari fue entrenador de Portugal desde 2003 y 2008, y tiene más de 30 años de experiencia en el entrenamiento a nivel de clubes.

De izquierda a derecha: (fila superior) Dani Alves, Julio César, Ramires, Dante, Luis Fabiano, David Luiz, (fila inferior) Ronaldinho, Paulinho, Adriano, Neymar, Oscar.

ESTRELLA

NEYMAR

(Neymar da Silva Santos Junior)
BORN: 5 de febrero 1992
CLUB: Barcelona (España)

Desde hace algún tiempo Neymar ha sido anunciado como la próxima gran revelación y no hay mejor momento para que el prodigio de Brasil llegue a la mayoría de edad, que en la Copa Mundial de la FIFA 2014.

Posee el excepcional talento natural siempre esperado de los jugadores jóvenes que surgen de un país que es un semillero de fútbol; así que, Neymar es uno de los futbolistas del que más se habla en el planeta.

Aumentó su perfil aún más con un lucrativo movimiento que lo llevó al Barcelona en el verano de 2013 y la habilidosa estrella buscará ocupar un lugar central en su primera Copa Mundial de la FIFA.

BRASIL EN LA COPA MUNDIAL DE LA FIFA™	
1930	1a ronda
1934	1a ronda
1938	3er lugar
1950	Subcampeones
1954	Cuartos de final
1958	CAMPEONES
1962	CAMPEONES
1966	1a ronda
1970	CAMPEONES
1974	4o lugar
1978	3er lugar
1982	2a ronda
1986	Cuartos de final
1990	Ronda de 16
1994	CAMPEONES
1998	Subcampeones
2002	CAMPEONES
2006	Cuartos de final
2010	Cuartos de final

campeonato mundial para Brasil, en Japón y Corea del Sur en 2002, y sabe lo que se necesita para ganar una Copa Mundial de la FIFA. El carismático entrenador de 65 años de edad es un astuto estratega con más de 30 años de experiencia y ésta será de vital importancia, en especial su guía para hombres de talentos extraordinarios como Neymar. El ex delantero del Santos ha sido aclamado como uno de los jugadores que hay que seguir, y todas las miradas estarán puestas en el jugador del Barcelona y su don natural. Neymar no duda que Scolari es el hombre adecuado para liderar a Brasil en la segunda Copa Mundial de la FIFA que se celebrará en el país, y dijo: "A los jugadores les encanta tener a Scolari como entrenador. Todos lo respetamos... pero funciona de dos maneras: él es el tipo de hombre que si se le demuestra respeto, te respeta. Ya tiene nuevas ideas acerca de cómo podemos mejorar. Está muy claro que ganar el Mundial es la única meta". Scolari puso su fe en los jugadores jóvenes como Neymar, el centrocampista del Chelsea, Oscar, y la estrella del

París Saint-Germain Lucas Moura, y el éxito que obtuvo en la Copa FIFA Confederaciones Brasil 2013 indica que tienen la combinación correcta de experiencia y juventud. Brasil nunca ha carecido de talento en el ataque, pero no son reconocidos por su capacidad de mantener una defensa solvente, por lo que el capitán Thiago Silva será importante

en el centro de la defensa, ya que buscan aprovechar al máximo la ventaja de local y asegurar que la Copa Mundial FIFA no sea ganada por tercera ocasión consecutiva por una nación europea. Los fanáticos de Brasil han tenido mucho que celebrar a lo largo de los años, pero ganar la Copa Mundial de la FIFA en su propio patio desencadenaría la fiesta de las fiestas.

A SEGUIR

LUCAS MOURA (Lucas Rodrigues Moura da Silva)
NACIDO: 13 de agosto 1992
CLUB: Paris St Germain (Francia)

Un volante ofensivo con ritmo excepcional, Lucas Moura ha sido una revelación desde que llegó a París Saint-Germain en enero de 2013. El talento de 21 años de edad tiene la rara habilidad de convertir rápidamente la defensa en ataque, misma que recuerda a Cristiano Ronaldo en sus primeros años, y complementará a Neymar y Oscar en un tridente ofensivo excepcional.

THIAGO SILVA (Thiago Emiliano da Silva)
NACIDO: 22 de septiembre 1984
CLUB: París Saint-Germain (Francia)

Brasil siempre ha tenido talentos para atacar pero para que el equipo tenga éxito, es vital mantener orden y solvencia en la defensa. El capitán Thiago Silva es una inspiración en el corazón de la defensiva de los muchachos de la samba. Fuerte por aire, juega muy cómodo con el balón en el suelo. El zaguero central del París Saint-Germain es uno de los mejores defensas del fútbol mundial.

CROACIA

LOS FIEROS

Igor Stimac fue cesado como director técnico de Croacia después de ocupar el segundo lugar en su grupo de clasificación. Entonces, el timón lo asumió el antiguo capitán Niko Kovac, quien se encargó de vencer a Islandia en partido de repechaje. Ahora tiene la misión de volver a llevar a su equipo a las últimas instancias del torneo, como en 1998.

ENTRENADOR

NIKO KOVAC

Como jugador, el ex capitán croata Niko Kovac estuvo a segundos de llevar a Croacia a las semifinales de la Eurocopa de 2008, antes de caer derrotados en serie de penales contra Turquía.

Ahora, como director técnico, espera conducir a su equipo más allá de la fase de grupos por primera vez desde 1998. Reemplazó a su antiguo compañero Igor Stimac, quien estuvo en el cargo hasta que su equipo trastabilló y se vio en la necesidad de llegar al repechaje. Aun cuando su único trabajo como entrenador había sido como director técnico de la selección sub-21, Kovac salió avante contra Islandia y llevó a su selección a Brasil, donde enfrentará el mayor reto profesional desde que se retiró como futbolista.

Sin duda, la generación croata de 1998 puso un estándar muy alto para jugadores que en el futuro quisieran representar a su país, y tal es el reto al que se enfrenta este equipo.

El primer mundial de Croacia fue el de la Copa Mundial de la FIFA Francia 1998, cuando el equipo inspirado por Davor Suker terminó en tercer lugar, después de un paso abrumador que se pareció mucho a un cuento de hadas y que culminó en las semifinales. Después, tanto en 2002 como en 2006 no pudieron pasar a la segunda fase del torneo y en 2010 ni siquiera calificaron.

Ahora, con el legendario Niko Kovac al timón, los croatas confían en que podrán llegar hasta las últimas etapas del Mundial de Brasil, país que considera apto para ellos. "Será un torneo espectacular", dijo Kovac. "Una Copa Mundial siempre es un espectáculo, sea como sea. Brasil es un país loco por el fútbol, habrá fútbol por todas partes, las 24 horas del día. Está muy alejado de Europa y estamos obligados a hacer algunos ajustes, pero estamos seguros de que nos irá bien".

En sus días de jugador, Kovac era un mediocampista duro e inflexible que se perdió la Copa Mundial de 1998, por lesión, y que luego acompañó a su selección en los siguientes dos Mundiales. Anotó 14 goles en 83 partidos oficiales como seleccionado, fungió como apoyo básico y defensivo para que sus compañeros delanteros pudieran lanzarse al ataque.

De izquierda a derecha: (Fila superior) Josip Simunic, Mario Mandzukic, Vedran Corluka, Ivan Rakitic, Stipe Pletikosa, Ivan Perisic; (fila inferior) Darijo Srna, Mateo Kovacic, Luka Modric, Danijel Pranjic, Ivica Olic.

ESTRELLA

LUKA MODRIC

BORN: 9 de septiembre 1995
CLUB: Real Madrid (España)

El minúsculo orquestador se ha transformado en un típico "10" que domina la media cancha e impone su autoridad en cada partido. Sorprendentemente fuerte para su complexión, Modric puede dar una dura batalla en términos físicos y proyectar pases profundos desde media distancia. Se ha ido recuperando de un inicio poco prometedor desde su traspaso, en el 2012, del Tottenham Hotsupur al Real Madrid; hoy es una de las piezas clave del equipo merengue. Es un jugador muy importante y su buen funcionamiento será vital pues deberá imponer ritmo en la media cancha y proyectar a sus delanteros. Si Modric juega bien, Croacia será un rival feroz.

CROACIA EN LA COPA MUNDIAL FIFA™

1998	3er lugar
2002	1a ronda
2006	1a ronda

Croacia sigue produciendo buenos jugadores ofensivos y, más bien, ahora le hacen falta jugadores con las características de Kovac, alguien que se quede atrás y mantenga las cosas en calma. Durante las eliminatorias, este papel lo llevaron a cabo tanto Ivan Rakitic como Mateo Kovacic, pero es evidente que ambos prefieren lanzarse al ataque. Es probable que Ognjen Vukojevic cumpla con esta misión, de forma que Luka Modric tenga la libertad de controlar el juego en tres cuartos de cancha.

Arriba, el delantero del Bayern Munich, Mario Mandzukic, fue el mejor anotador de Croacia en las eliminatorias, pero se perderá el partido inaugural por suspensión, ya que fue expulsado en el partido de vuelta del repechaje contra Islandia. Kovac está preocupado de no contar con su delantero estrella desde el primer partido, pero está seguro de que sus jugadores podrán sorprender a su afición aun con esta baja.

"Es obvio que Mandzukic es un jugador importantísimo para nosotros pero tenemos un sistema gracias al cual otras opciones están disponibles", dijo Kovac. "Seguiremos jugando con un estilo ofensivo, buscando la posesión del balón; estamos trabajando muy duro para mejorar en todos los aspectos".

Probablemente Jelavic llene este vacío en el partido inaugural. Por su parte, Eduardo y Olic querrán involucrarse mucho con su equipo, mientras que Rakitic, Kovacic, Kranjcar, Ilicevic y Perisic esperan comenzar el Mundial en posiciones más ofensivas. En la defensa, el capitán Darijo Srna se incorporará continuamente al ataque por el lado derecho y Danijel Pranjic hará lo mismo por el izquierdo. Eso dejará una enorme responsabilidad a los defensas centrales, y Kovac puede utilizar tanto al experimentado Corluka como al maduro Lovren.

Sin lugar a dudas, Croacia tiene que mejorar su juego mucho más allá de lo demostrado en las eliminatorias, en las que perdió de ida y vuelta contra Escocia, quedó muy por debajo de Bélgica y no pudo conseguir una sola victoria en los últimos cuatro partidos de su grupo. Kovac tiene confianza en que podrán hacerlo.

"Tengo una clara idea de cómo tenemos que jugar y de cuáles son los jugadores que debemos usar para jugar de esa manera", dijo. "Quiero que Croacia sea dinámica en la defensa y creativa al ataque. Éste es mi concepto de fútbol y ahora que hemos calificado debemos empezar a adoptar este estilo de juego desde la raíz."

Si los deseos de Kovac se cumplen, Croacia puede ser uno de los equipos más fascinantes en Brasil.

A SEGUIR

MATEO KOVACIC

NACIDO: 6 de mayo 1994
CLUB: Inter Milán (Italia)

El joven y talentoso mediocampista hizo su debút en selección en la vitoria frente a Serbia 2-0 en las eliminatorias. Sin embargo, es más común verlo como medio ofensivo en su club, el Inter de Milan. Le gusta el mano a mano y tiene un gran sentido del ritmo, por lo que se puede abrir paso como una de las grandes figuras del Mundial.

DEJAN LOVREN

NACIDO: 5 de julio 1989
CLUB: Southampton (Inglaterra)

Con el veterano Josip Simunic suspendido, Lovren será un elemento clave para que la defensa croata se mantenga firme. Después de dos temporadas y media en la liga francesa con el Lyon, pasó a la Liga Premier de Inglaterra al inicio de la temporada 2013-14 e inmediatamente impresionó a los espectadores con el Southampton.

MÉXICO

EL TRI

FIFA WORLD CUP
Brasil

México tuvo que pasar por cuatro directores técnicos y un viaje de más de 22 mil kilómetros hacia Nueva Zelanda para poder conseguir su boleto para la Copa Mundial de 2014, después de una eliminatoria muy problemática y ahora con el objetivo de recuperar esa chispa que los hizo ganadores de la medalla de oro en los Juegos Olímpicos de Londres 2012.

ENTRENADOR

MIGUEL HERRERA

Contratado para que México superara victorioso el juego de repechaje contra Nueva Zelanda, Herrera demostró ser un hombre de carácter y no temer a las decisiones polémicas, como la de dejar fuera a los futbolistas mexicanos que juegan en Europa.

La apuesta fue ganadora y el resultado impresionante, pero Herrera no es nuevo en lo que se refiere a este tipo de decisiones y ya antes había conducido a su club, el América, a conquistar su onceavo campeonato de liga, después de haber declarado: "si en seis meses no doy resultados, me voy".

En sus tiempos de jugador, se hizo de 14 campeonatos y ahora le traerá al Tri disciplina y sentido de la realidad, pues es posible que, en las eliminatorias, sus jugadores hayan sentido demasiada confianza.

México tuvo que sobrevivir a un final aterrador antes de poder conseguir su boleto a la Copa Mundial de la FIFA por quinceava vez. Usualmente, el Tri atravesaba las eliminatorias de la Concacaf con relativa facilidad, esta vez tuvo que llegar hasta el repechaje contra Nueva Zelanda, teniendo como antecedente muchos descalabros.

El Estadio Azteca ha sido una fortaleza para México, por su altitud (2 500 msm) y con más de 100 mil aficionados apoyando a su equipo. Esta vez su casa se transformó en desierto cuando, en octubre de 2013, Panamá los venció 2-1. Por primera vez en su historia, Panamá ganaba en el Azteca y así comenzó una racha para el Tri que continuaría con tres empates sin goles y una derrota contra Honduras otra vez en el

Azteca, donde no perdían contra este rival desde 1978. Tras perder por la mínima diferencia contra Costa Rica, el Tri quedó a merced del resultado de sus rivales, a la espera de que Estados Unidos pudiera vencer a Panamá para así poder ocupar el cuarto puesto del grupo, lo cual finalmente ocurrió, Estados Unidos pudo dar la voltereta y terminar el partido 3-2 en tiempo de compensación. Las diferencias del pasado quedaron a un lado, el comentarista de televisión Christian Martinoli gritaba: "We love you! We love you forever and ever! God Bless America!". Por su parte, la Federación de los Estados Unidos tuiteó en su cuenta oficial "You´re welcome Mexico", y el Tri no desaprovechó esta oportunidad y pasó por encima de los "kiwis" primero 5-1 como locales y

De izquierda a derecha: (Fila superior) Hugo Ayala, Guillermo Ochoa, Rafael Márquez, Jorge Torres, Oribe Peralta, Jesús Zavala; (fila inferior) Christian Giménez, Carlos Peña, Miguel Layún, Javier Aquino, Javier Hernández.

ESTRELLA

JAVIER HERNÁNDEZ

(Javier Hernández Balcázar)
NACIDO: 1 de junio 1988
CLUB: Manchester Utd (Inglaterra)
Con un padre y un abuelo que representaron a México en las Copas Mundiales de 1986 y 1954, respectivamente, Javier Hernández nació para jugar y honró el nombre de su familia al anotarle a Francia y Argentina en el Mundial de Sudáfrica 2010. Con 26 goles en 64 partidos con el Guadalajara, el "Chicharito" llamó la atención del Manchester U, quien lo fichó incluso antes de que la liga mexicana concluyera. Desde entonces, ha demostrado ser un goleador nato, peligrosísimo cada vez que tiene oportunidad de anotar. Fue campeón goleador en el título de México en la Copa de Oro de la Concacaf de 2011.

MÉXICO EN LA COPA MUNDIAL FIFA™

1930	1a ronda
1950	1a ronda
1954	1a ronda
1958	1a ronda
1962	1a ronda
1966	1a ronda
1970	Cuartos de final
1978	1a ronda
1986	Cuartos de final
1994	Ronda de 16
1998	Ronda de 16
2002	Ronda de 16
2006	Ronda de 16
2010	Ronda de 16

luego 4–2 en Wellington, asegurando su presencia en Brasil. Es notable que México haya tenido cuatro entrenadores en la última etapa de las eliminatorias, con José Manuel de la Torre, cesado después de la derrota contra Honduras, Luis Fernando Tena ocupó el mando un solo partido y luego fue relevado por Víctor Manuel Vucetich, quien dejó el mando dos partidos después. Entonces, Miguel Herrera enderezó el barco, dejando fuera de la convocatoria a todos los futbolistas mexicanos que juegan en el extranjero, "Chicharito" Hernández y Giovani dos Santos, entre otros. En su lugar, Herrera llamó a jugadores de la liga local. La visión del director técnico del club América rindió frutos, y Peralta marcó dos goles en el Azteca y luego remató a Nueva Zelanda con un triplete de goles para poner a México en la senda correcta. El mediocampista del club León Luis Montes comentó: "Nos sentimos muy cómodos con Miguel, nos tiene mucha confianza y creo que ese ha sido su secreto. Sus ideas son muy claras y eso ha permitido recuperar nuestro nivel de juego. Al final, superamos las adversidades, continuamos luchando

y creamos muchas ocasiones de gol. No estaríamos en este lugar si no fuera por él". Queda por verse si el Tri estará integrado por sus grandes figuras, pero cualquiera que sea la lista final de jugadores es muy importante que recuerden la fortuna que tuvieron en las eliminatorias, así como su sorprendente desempeño en los Juegos Olímpicos de Londres 2012. En aquella ocasión, Peralta también se convirtió en el héroe al anotar 2 goles en la final contra Brasil,

que finalizó con marcador de 2-1 en Wembley, con figuras de la talla de Neymar, Oscar y Hulk. México tiene acostumbrada a su afición a superar la primera fase de grupos para llegar a los octavos de final, instancia que ha superado en sólo dos ocasiones, 1970 y 1986, ambas como anfitriones del Mundial. Esta vez no serán locales, pero quizá las recientes tribulaciones les hayan dado la mentalidad suficiente para encaminarse rumbo a un torneo exitoso. Ya sea que en el once inicial aparezcan figuras internacionales como Hernández, Dos Santos y Guardado, o que más bien recurran a jugadores locales como Peralta, Jiménez y Peña, el camino hacia la victoria tendrán que encontrarlo todos en conjunto.

A SEGUIR

ORIBE PERALTA

(Oribe Peralta Morones)
NACIDO: 12 de enero 1984
CLUB: Santos Laguna (México)
Ha sido el delantero mexicano más prolífico de los últimos años. Campeón goleador de los Juegos Panamericanos de 2011, marcó 2 goles en la victoria del Tri contra Brasil en la final de los Juegos Olímpicos de 2012; anotó varias veces contra Nueva Zelanda para el pase de México al Mundial de Brasil.

GIOVANI DOS SANTOS

(Giovani dos Santos Ramírez)
NACIDO: 11 de mayo 1989
CLUB: Villarreal (España)
Jugador versátil que puede funcionar como segundo delantero o como medio ofensivo, Giovani dos Santos ya cuenta con una vasta experiencia futbolística. A pesar de su jeventud, ya ha representado a clubes como el Barcelona, Tottenham Hotspur, Mallorca y Villarreal.

CAMERÚN

LOS LEONES INDOMABLES

Puede ser que Alemania Occidental haya ganado la Copa Mundial de la FIFA 1990, pero sin lugar a dudas Camerún se robó el *show*. Los "Leones Indomables" vencieron al campeón, Argentina, en su camino hacia los cuartos de final, con el hipnótico baile de caderas de su ya legendario Robert Milla. ¿Nacerá en Brasil una nueva leyenda?

ENTRENADOR

VOLKER FINKE

Asumió la dirección técnica de Camerún en mayo de 2012 y consiguió su primer objetivo al calificarlos para el Mundial. Su siguiente misión es alcanzar la posición de Camerún en Mundiales anteriores, es decir, los octavos de final. El alemán, quien dirigió al SC Freiburg de 1991 a 2007, tuvo sus diferencias con Eto'o a lo largo de las eliminatorias, por lo que se rumoraba una mala atmósfera en el equipo. Conseguir su boleto a Brasil ha levantado el ánimo del equipo. Finke deberá fortalecer este espíritu y lograr que sus *cracks* apunten colectivamente hacia el mismo objetivo, como lo hizo Nepomniachi en 1990.

Camerún impuso un récord cuando venció 4-1 a Túnez y se calificó a su séptima Copa Mundial de la FIFA. Los africanos consiguieron su pase a Brasil con cinco victorias, dos empates y una sola derrota, sin embargo, el antiguo capitán del equipo Patrick Mboma predestina un fracaso. "No tengo ninguna ilusión ni expectativa en nuestra selección", dijo Mboma, quien participó en los mundiales de 1998 y 2002. "Una sorpresa como la que dimos en 1990 será imposible."

El antiguo delantero del París Saint-Germain y el Parma recalca el expediente de Camerún en Copas Mundiales después del Mundial en Italia. Si bien han conseguido calificar a cuatro de los últimos cinco Mundiales, no han sido capaces de superar la etapa de grupos, aún cuando han resultado campeones de África en 2000 y 2002.

El actual plantel de Camerún está listo para demostrarle a Mboma que se equivoca. Mientras que alcanzar los octavos de final significaría una tremenda mejoría para los "leones indomables", el capitán Samuel Eto'o, quien volvió del retiro para jugar el partido de eliminación directa contra Túnez, cree que su equipo está listo para alcanzar las semifinales.

"Puede ser que no ganemos la Copa, pero si nos preparamos a tiempo podemos alcanzar una posición como la que tuvo Ghana hace cuatro años en Sudáfrica", declaró el goleador de Camerún después de conseguir la calificación en las eliminatorias.

De izquierda a derecha: (Fila superior), Allan Nyom, Alex Song, Ndoubena Nkoulou, Aurelien Chedjou, Joel Matip, Charles Itandje, Samuel Eto'o; (fila inferior) Dany Nounkeu, Pierre Webo, Enoh Eyong, Jean Makoun.

ESTRELLA

SAMUEL ETO'O

(Samuel Eto'o Fils)

NACIDO: 10 de marzo 1981
CLUB: Chelsea (Inglaterra)

Samuel Eto'o ha sido un prolífico anotador tanto a nivel de clubes como de selección. Ha ganado títulos de liga en Italia y en España, así como la Liga de Campeones de la UEFA en 3 ocasiones. También formó parte de la generación que se coronó en la Copa Africana de Naciones en 2000 y 2002, está en peligro de tener que retirarse aun antes de que el Mundial de Brasil comience. Eto'o ha participado en tres mundiales anteriores (tenía 17 años en 1998), pero tan sólo ha podido marcar tres goles. Si está en buenas condiciones, el letal artillero podría hacer explotar el escenario del fútbol internacional a lo grande.

Stephane Mbia, Aurelien Chedjou, Alex Song y Makoun son todos jugadores con un impresionante físico que necesitan estar al máximo para darle apoyo a Eto'o y el resto de sus delanteros. Sin embargo, Volker Finke no tiene las cosas fáciles en Brasil. Sus rivales sudamericanos serán difíciles de vencer, mientras que los pesos pesados de Europa tales como Alemania, España y Holanda tienen escuadras muy superiores.

Para conseguir el éxito en la Copa Mundial de la FIFA 2014, Camerún tiene que recuperar el espíritu de hace 24 años. Todas las miradas estarán sobre Eto'o, con la expectativa por saber si será capaz de seguir los pasos de Roger Milla y liderar a su equipo hacia una etapa más superior, lo cual sería su mayor éxito profesional.

En el Mundial de Sudáfrica, Ghana pasó por encima de Camerún. Así pues, los "leones indomables" estarán determinados a demostrar que ellos son el mejor equipo africano y que, si están en Brasil, no es sólo por atender un simple compromiso.

Si quieren alcanzar la mejor posición de un país africano en Copas Mundiales, deben llegar a cuartos de final y mejorar dramáticamente su desempeño en este torneo. Tan sólo en el Mundial pasado, fueron eliminados de su grupo sin obtener un solo punto, cayendo derrotados frente a Japón, Dinamarca y Holanda. A partir de aquel año, no consiguieron hacerse de la Copa Africana de Naciones ni en 2012 ni en 2013, pero esas decepciones quedaron en el pasado una vez que el mediocampista Makoun marcó los dos tantos en el partido de eliminación directa que llevó a Camerún a la Copa Mundial de la FIFA en Brasil.

"Hemos tenido que atravesar por largos años de dificultades", dijo Makoun. "Ahora, creo que ya identificamos el problema: la falta de concordia entre nosotros mismos. Podemos alcanzar mejores resultados y creo que nuestro desempeño demuestra que estamos listos para grandes cosas en el futuro."

En estas eliminatorias, Camerún parecía determinado a superar las derrotas del pasado. Gracias a su habilidad, dejaron más que pasmados a un par de equipos. Sin lugar a dudas,

Eto'o, el jugador estrella de Camerún, estará desesperado por tener un gran desempeño en ésta que es su última oportunidad para destacar en la Copa del Mundo. En el partido contra Túnez, el delantero del Chelsea tuvo que bajar hasta la media cancha para ayudar a sus compañeros, pero donde es más peligroso, es en el corazón del área.

Camerún tiene una férrea defensa con amplia experiencia que será muy difícil que sus rivales rompan.

A SEGUIR

ALEX SONG

(Alexandre Dimitri Song Billong)

NACIDO: 9 de septiembre 1987
CLUB: Barcelona (España)

Es un refuerzo en mediocampo y jugará un papel importante para proteger la última línea defensiva. Es fuerte en el cuerpo a cuerpo, tiene buen manejo de balón y vasta experiencia en torneos como la Liga de Campeones de la UEFA. Su participación será crucial para que Camerún se ponga a tono en Brasil.

BENJAMIN MOUKANDJO

(Benjamin Moukandjo Bile)

NACIDO: 12 de noviembre 1988
CLUB: Nancy (Francia)

Tuvo un comienzo muy lento con su selección pero tras la victoria de Camerún sobre Túnez parece que está listo para alcanzar su máximo potencial. El delantero es veloz, no pierde tiempo para lanzarse al ataque y tiene buen manejo de balón, cualidades que lo hacen la pareja perfecta del experimentado Samuel Eto'o.

ESPAÑA

FIFA WORLD CUP
Brasil

LA FURIA ROJA

Los actuales campeones de la Copa Mundial de la FIFA llegan a Brasil con la esperanza de convertirse en el primer equipo desde hace 52 años en ganar dos veces consecutivas el Mundial. Los jugadores de Vicente del Bosque vienen de una racha invicta en las eliminatorias y empiezan el torneo como uno de los favoritos para llegar al partido final en el Maracaná.

ENTRENADOR

VICENTE DEL BOSQUE

Vicente del Bosque heredó una selección ganadora del director técnico Luis Aragonés, después de la Eurocopa de 2008. Hoy muchos se preguntan qué éxitos hubieran acompañado a ese entrenador. Del Bosque está encaminado a convertirse en el segundo director técnico de la historia en ganar dos Copas Mundiales como entrenador, al lado de Vittorio Pozo, quien coronó a Italia de forma sucesiva en 1934 y 1938. Antes de convertirse en el entrenador nacional, Del Bosque, con sus por entonces 63 años, ya había experimentado el éxito profesional al ganar dos veces la Liga de Campeones de la UEFA y la liga española con el Real Madrid. Él es el único entrenador que ha ganado la Liga de Campeones, la Eurocopa y la Copa Mundial de la FIFA.

Los históricos jugadores de la selección española llegan a Brasil con la convicción de volver a hacer historia y sostener el campeonato en sus manos. Al ganar la Eurocopa en 2008 y 2012, España también se coronó en el Mundial de Sudáfrica 2010 y se convirtió en la única selección de la historia en ganar de forma sucesiva tres torneos internacionales. Ahora, los hombres de Vicente del Bosque buscan convertirse en el primer equipo en retener el campeonato, después de que Brasil lo hubiera hecho en 1962, así como el único país europeo en ganar la Copa en el continente americano. Tal ha sido la dominación de España en el último periodo del fútbol mundial. En sus tres campeonatos, no han concedido ni un solo gol en la fase de eliminación directa. Además, desde que se hicieron con la Eurocopa en 2008, sólo han perdido tres partidos oficiales: su juego inicial contra Suiza en Sudáfrica 2010, la derrota contra Estados Unidos en las semifinales de la Copa Confederaciones de 2009 y, el verano pasado, en la final de la última edición del mismo torneo contra Brasil. A pesar de haber calificado de forma invicta para el Mundial (también lo consiguieron en Sudáfrica 2010), y de vencer a Francia en París, España recibió muchas críticas al hilar una serie de paupérrimas victorias frente a rivales de menor jerarquía. Del Bosque está seguro de que, en Brasil, su selección conseguirá mucho más que sólo un buen espectáculo. "En la etapa de eliminatorias hubo cuatro partidos horrendos que nos hicieron sentir incómodos e infelices; sin embargo, en los otros tres demostramos haber recuperado nuestro nivel", declaró el entrenador.

De izquierda a derecha: (Fila superior) Íker Casillas, Sergio Ramos, Sergio Busquets, Gerard Piqué, Alvaro Negredo; (fila inferior) Pedro Rodríguez, Jesús Navas, Alberto Moreno, Juan Francisco Torres, Andrés Iniesta, Xavi Hernández.

ESTRELLA

ANDRÉS INIESTA
(Andrés Iniesta Luján)
NACIDO: 11 de mayo 1984
CLUB: Barcelona (España)

El anotador del gol del triunfo de la Copa Mundial Sudáfrica 2010 una vez más estará en la selección española inspirándolos. El mediocampista juega tanto en el centro como en la banda derecha, dándole ventaja a España en su búsqueda por la posesión del balón. Ha sido criticado por no marcar suficientes goles (no anotó ninguno en las eliminatorias, aunque estuvo en los ocho partidos), sin embargo, hace cuatro años en Johannesburgo demostró que es capaz de poner el balón en el fondo de las redes. La dupla que hace con Xavi será pieza clave una vez más.

ESPAÑA EN LA COPA MUNDIAL FIFA™

1934	Cuartos de final
1950	4o lugar
1962	1a ronda
1966	1a ronda
1978	1a ronda
1982	2a ronda
1986	Cuartos de final
1990	Ronda de 16
1994	Cuartos de final
1998	1a ronda
2002	Cuartos de final
2006	Ronda de 16
2010	CAMPEONES

"En las eliminatorias, los rivales quieren mantener su dignidad. En la Copa Mundial no será así pues ahí las jerarquías se miden de otra forma. Los equipos que estarán presentes son muy fuertes y los Mundiales son una cosa aparte. Siempre son más abiertos y divertidos".

En el papel, el equipo español se mantiene formidable. Su capitán, Íker Casillas, disputa su lugar como guardameta al lado de Víctor Valdés y Pepe Reina. En la defensa, Piqué y Ramos forman una dupla feroz, mientras que Jordi Alba (una de las grandes sorpresas de la Euro de 2012), ofrece vertiginosos ataques desde el lado izquierdo, a pesar de que su compañero del lado derecho no tiene la misma cualidad. En el medio campo, España posee una mina de oro: los jugadores del Barcelona Xavi, Busquets e Iniesta forman su columna vertebral, acompañados por su también colega del Barsa Cesc Fábregas y los jugadores del Real Madrid, Xavi Alonso, y del Bayern Munich, Javi Martínez, quienes aportarán a su equipo un sinfín de opciones. Sin embargo, no poseen un ataque de tanto lujo; el goleador David Villa no se encuentra en su

mejor momento y Fernando Torres ha batallado para alcanzar su nivel de juego del 2008. La trinca de jugadores de la Liga Premier Álvaro Nagredo, Michu y Roberto Soldado competirán por su derecho para conducir el ataque español, aunque es probable que Del Bosque recurra (tal y como hizo en la Eurocopa de 2012) a David Silva o Fábregas para acompañar en la delantera a Pedro Rodríguez o Jesús Navas, lo cual le brinda mayor amplitud por la derecha. Por si fuera

poco, España cuenta con una cantera repleta de talentos, tales como Asier Illarramendi e Isco, quienes esperan que su reciente temporada con el Real Madrid sea suficiente para ser considerados, mientras que Thiago Alcántara también ha dado pelea para ganarse un lugar. Cualquiera que sea la decisión de Del Bosque, España comienza el torneo como un amplio favorito. Criticado desde el inicio en torneos anteriores, la furia roja se ha reído de sus críticos mientras retaca su anaquel con nuevos trofeos. Este verano el mundo entero espera a ver si son capaces de levantar la Copa el 13 de julio y mantenerse como el mejor equipo de los últimos tiempos.

A SEGUIR

PEDRO RODRÍGUEZ
(Pedro Eliezer Rodríguez Ledesma)
NACIDO: 28 de julio 1987
CLUB: Barcelona (España)

Relegado por su club y selección, quienes prefieren a sus estrellas, desempeña un rol fundamental en el ataque. Se ubica en el borde de la banda derecha y abriendo la cancha, explotando en el centro para empujar el balón a la línea de gol, como en la final de la Liga de Campeones de la UEFA de 2011.

SERGIO RAMOS
(Sergio Ramos García)
NACIDO: 30 de marzo 1986
CLUB: Real Madrid (España)

Habiendo aparecido como lateral derecho en la Copa Mundial de Sudáfrica, Ramos se ha convertido en uno de los mejores centrales del mundo. Es una barrera tanto para su club como para su selección, además de que también sabe organizar a su defensa. En las eliminatorias, marcó dos goles.

HOLANDA

LA NARANJA MECÁNICA

Holanda es la dama de honor de la Copa Mundial de la FIFA, pero nunca ha sido la novia, después de haber alcanzado tres finales sólo para perder cada una de ellas. Una gran expectativa siempre rodea a un país con tanto prestigio futbolístico y el equipo actual indica que volverán a ser una potencia.

ENTRENADOR

LOUIS VAN GAAL

Louis van Gaal puede tener un enfoque sin concesiones pero un CV virtualmente sin paralelo que le brinda el respeto necesario para ser un entrenador del más alto nivel.

Su nombre en la dirección técnica se forjó en el Ajax , al que entrenó durante seis años en la década de 1990, y guió al equipo a finales de la Copa de Campeones de Europa antes de su paso por el Barcelona, AZ Alkmaar y el Bayern Munich. El equipo nacional le pidió hacerse cargo de la selecccion por segunda vez en julio de 2012, a lo que Van Gaal llamó "el reto que he estado esperando".

Enfundados en sus emblemáticas camisetas anaranjadas y jugando con su estilo único de "fútbol total", en cualquier Copa Mundial de la FIFA, Holanda es siempre uno de los equipos más coloridos y emocionantes. Producen constantemente futbolistas de mucha calidad como Johan Cruyff, Ruud Krol y el dos veces finalista de la Copa Mundial de la FIFA en la década de 1970, a Marco van Basten, Ruud Gullit y el equipo que ganó el Campeonato de Europa de la UEFA 1988, a la generación de oro del Ajax de Dennis Bergkamp, Marc Overmars y los gemelos De Boer, Ronald y Frank.

El equipo actual cuenta con jugadores que por derecho propio están al lado de los grandes nombres de la historia del fútbol holandés. Goles de Robin van Persie llevaron al Manchester United en 2012-13 al título inglés de la Liga Premier, después de esa temporada Arjen Robben anotó el gol ganador en la final de la UEFA Champions League y en la Copa Mundial de la FIFA 2010 Wesley Sneijder anotó cinco goles para ayudar a su equipo a llegar a la final.

En Brasil, el mundo confirmará lo buen equipo que es Holanda. Clasificaron a la Copa Mundial de la FIFA 2010 en Sudáfrica, ganando los ocho partidos que disputaron, y para calificar para la UEFA Euro 2012 ganaron 9 de 10 partidos que jugaron. No han tenido tropiezos en el camino a Río; Holanda fue uno de los primeros equipos en

Arriba: El equipo holandés en Amsterdam antes del 8-1 con que golearon a Hungría y obtuvieron su calificación.

ESTRELLA

ROBIN VAN PERSIE

NACIDO: 6 de agosto de 1983
CLUB: Manchester United (Inglaterra)

La carrera de Robin van Persie prometía mucho y, después de mantenerse alejado durante las últimas temporadas de cualquier lesión grave, su talento de clase mundial realmente ha brillado. En las últimas campañas ha sido uno de los más letales goleadores de Europa; esta productividad aseguró el 20° título nacional del Manchester United en su primer año en Old Trafford después de mudarse del Arsenal.

Con 30 años, ha marcado ocho veces en los primeros ocho partidos eliminatorios de su país y el recién nombrado capitán estará dispuesto a anotar en el más grande escenario luego de haber marcado sólo una vez, hace cuatro años, en su camino a la final en Sudáfrica.

reservar su lugar para Brasil al ganar 7 de sus 8 partidos. Sin embargo, puede ser difícil determinar qué clase de equipo se presentará en los torneos más importantes, así quedó demostrado en la Euro 2012 de la UEFA, donde perdieron sus tres partidos de la fase de grupos.

Bajo la dirección de su entrenador Louis van Gaal, de vuelta para una segunda oportunidad con la "Oranje", la complacencia no será un problema. Van Gaal es uno de los estrategas con más experiencia, después de haber presidido el ascenso del Ajax que conquistó todo a mediados de los años 90 antes de ser encargado de las riendas de otros gigantes europeos como Barcelona y Bayern Munich.

Su participación anterior al timón del equipo nacional terminó mal, con los holandeses sin clasificar para la Copa Mundial de la FIFA 2002 en Japón y Corea, por lo que por parte de Van Gaal, hay una sensación de asuntos pendientes.

"Van Gaal siempre tiene una idea clara de lo que quiere lograr", dijo Van Persie. "Estoy muy contento con la forma en que ha dirigido a la selección nacional, él es muy directo y honesto, es un buena estratega y explica todo lo que hace. Entiendo las decisiones que toma".

Las esperanzas de Holanda pueden depender de cómo las recientes generaciones complementen a sus compañeros con mayor experiencia. La línea defensiva, en particular, tiene un aspecto claramente diferente a la de hace cuatro años que incluyó al veterano capitán Giovanni van Bronckhorst. Van Gaal se ha decidido por Jetro Willems del PSV y por el dúo del Feyenoord: Bruno Martins Indi y Stefan de Vrij, los tres rondan los 20 años de edad y tienen la esperanza de grabar sus nombres junto a los grandes holandeses, yendo un paso más allá de los subcampeonatos de 1974, 1978 y 2010.

A SEGUIR

ARJEN ROBBEN

NACIDO: 23 de enero 1984
CLUB: Bayern Munich (Alemania)

El extremo al final demostró que podía apretar cuando era necesario, manteniendo la calma para anotar el gol de la victoria en la final de la Champions League 2012.

Coronó un triplete glorioso para el Bayern Munich y fue tan sólo la última condecoración para el ex jugador del Chelsea y el Real Madrid. Posee una de las piernas zurdas más educadas y es tan eficaz como pasador y como goleador.

KEVIN STROOTMAN

NACIDO: 13 de febrero 1990
CLUB: Roma (Italia)

El mediocampista central Kevin Strootman es una de las principales razones detrás de las dominantes exhibiciones de Holanda en la calificación.

Mezcla la capacidad de colocar el balón con un estilo aguerrido, haciendo de él un mediocampista joven y cabal y el puente entre la defensa de su país, con relativamente poca experiencia, y un grupo de atacantes más entrado en años.

GRUPO B

CHILE

LA ROJA

Chile buscará nutrir su rica historia en la Copa Mundial de la FIFA, donde figura como participante de la versión inaugural del torneo y como anfitrión en 1962, donde consiguió un tercer lugar. Se trata de su novena participación, a la cual llega jugando un fútbol de estilo fluido, el cual seguramente será del agrado de muchos aficionados neutrales.

ENTRENADOR

JORGE SAMPAOLI

Siendo aún muy joven, Sampaoli vio frustrada su carrera como futbolista profesional por una lesión, por lo que centró su atención en la dirección técnica, donde acumuló una enorme experiencia en Perú, previo a su exitoso periodo con la Universidad de Chile. Sustituyó a Claudio Borghi, después de una serie de descalabros, con la enmienda de revivir las esperanzas de Chile. De inmediato buscó reavivar la filosofía ofensiva del antiguo entrenador Bielsa con buenos resultados. Sampaoli gusta de escuadras dinámicas, que presionan al rival, lo que ha permitido a Chile aprovechar al máximo a sus habilidosos atletas, quienes abren a los rivales con extremos intercambiables, con laterales que se superponen y mediocampistas de largo recorrido.

Chile acaparó las ovaciones por su actuación en la Copa Mundial FIFA hace cuatro años gracias a la juventud de su equipo, pero ahora lucen en buena forma para alcanzar todo su potencial en Brasil.

Marcelo Bielsa ayudó a moldear a diversos jóvenes del equipo que logró el tercer lugar de la Copa Mundial FIFA sub 20, hasta convertirlos en los experimentados jugadores internacionales que en el certamen previo vencieron a Honduras y Suiza en la etapa de grupos. La derrota con España no tuvo consecuencias, pero cayeron ante su archirrival Brasil en octavos de final.

A la partida de Bielsa siguió un periodo de estancamiento con Claudio Borghi, pero la llegada de Sampaoli ha restaurado la filosofía ofensiva y Chile es uno de los equipos que hay que seguir por su potente cierre en la clasificatoria. Cinco victorias y un empate a 3 con Colombia en sus últimos cinco juegos para terminar en tercer puesto, siendo superados en goles únicamente por Argentina.

El desarrollo de su estrella Alexis Sánchez simboliza la transición de jóvenes promesas, es decir, un equipo de jugadores probados, un producto bien terminado.

Previo a la copa Mundial de la FIFA 2010 en Sudáfrica, Sánchez era considerado un prospecto a futuro que recién empezaba a dejar su huella para el Udinese en Italia, pero a la edad de 21 años aún tenía mucho por aprender. En la siguiente temporada Sánchez sorprendió con una docena de goles y 11 asistencias, lo que le valió ser elegido la mayor joven promesa del mundo y una transferencia a Barcelona por una suma elevada.

Arriba: La alineación de la Roja antes de su victoria sobre Bolivia en Santiago.

ESTRELLA

ALEXIS SANCHEZ
(Alexis Alejandro Sánchez Sánchez)
NACIDO: 19 de diciembre 1988
CLUB: Barcelona (España)
Los buscadores de talento han etiquetado a Alexis Sánchez como una estrella en potencia desde muy joven, y no ha decepcionado, ganando títulos de liga en Chile, con Colo-Colo, en Argentina, con River Plate y en España, con Barcelona, además de su destacada participación con el Udinese en Italia. Se vale de su talento y velocidad para superar a los defensores, puede ocupar cualquier posición en el ataque; sus jugadas más vistosas provienen de las bandas, de donde arremete en diagonal para anotar o para asistir a sus compañeros.

Asentarse en el Camp Nou requirió algo de tiempo, pero se ha ganado a los aficionados catalanes gracias a numerosos goles cruciales y jugadas vistosas, que lo han hecho convertirse en una de las estrellas de La Liga, por lo que su posición para destacar en Brasil es idónea.

El mediocampista Arturo Vidal también ha elevado su juego de manera considerable en los últimos años con el Juventus, lo que le ha valido el mote de "el guerrero" en la prensa italiana y ser elegido jugador del año por los aficionados italianos después de su temporada 2012-2013.

Vidal, junto con la joven promesa chilena Eduardo Vargas, lideró la tabla de anotadores, con cinco, en la eliminatoria, seguidos de Alexis Sánchez tan solo uno por debajo, confirmando que estos elementos clave han logrado añadir mayor consistencia a su incuestionable talento.

Otros jugadores establecidos tales como el guardameta de la Real Sociedad, Claudio Bravo, el lateral del Juventus, Mauricio Isla, el volante de contención del Cardiff City, Gary Medel y el mediocampista de la Fiorentina, Matías Fernández, han logrado acumular notable experiencia en clubes europeos.

"En diferentes momentos en el pasado ha habido grandes jugadores, pero nunca hubo tantos de tal calidad al mismo tiempo", declaró Vidal. "Varios de nosotros hemos destacado tanto en clubes europeos, como con el equipo nacional, algo inédito en el fútbol chileno. Y me siento orgulloso de ser parte de este proceso".

Algunos escépticos señalarán sin duda los descalabros sufridos por Chile como visitante durante la clasificación en Sudamérica, en especial el 4-1 en Argentina, el 4-0 en Uruguay y el 3-1 en Ecuador.

Sin embargo, dichas derrotas tuvieron lugar antes de que Sampaoli pusiera orden en las cosas, con Sánchez, Vidal y Vargas en sintonía para marcar 12 de los 15 goles producidos en los seis últimos partidos de la ronda clasificatoria.

Al añadir algunos resultados impresionantes en partidos amistosos contra sus similares de Brasil y España, entonces Chile luce preparado, ansioso y dispuesto a disputar la gloria a cualquiera de los favoritos de la Copa Mundial de la FIFA.

A SEGUIR

ARTURO VIDAL
(Arturo Erasmo Vidal Pardo)
NACIDO: 22 de mayo 1987
CLUB: Juventus (Italia)
La personalidad emocional de Arturo Vargas le causó algunos problemas disciplinarios al principio de su carrera, pero ha madurado y se ha convertido en un dínamo en el mediocampo tanto en el Bayer Leverküsen, como en Juventus. Además de ser valiente y combativo, posee la chispa creativa que el ataque requiere.

EDUARDO VARGAS
(Eduardo Jesús Vargas Rojas)
NACIDO: 20 de noviembre 1989
CLUB: Napoli (Italia)
Después de quedar segundo atrás de Neymar en la votación de jugador sudamericano del año, Eduardo Vargas firmó con Napoli, aunque quedó a préstamo con el Gremio de Brasil. Vargas emergió de las filas de la Universidad de Chile, de donde también surgió Marcelo Salas, con quien se le compara por talento y capacidad goleadora.

FIFA WORLD CUP
Brasil

AUSTRALIA

LOS CANGUROS

Australia se ha convertido en un invitado asiduo a la Copa Mundial de la FIFA en tiempos recientes, pues el fútbol se ha desplazado a una era verdaderamente profesional en países del extremo sur del planeta, tales como Australia y Nueva Zelanda. Los Canguros habían clasificado sólo una vez antes de 2006, pero ahora están apareciendo por tercera ocasión consecutiva en la Copa Mundial de la FIFA en Brasil.

Australia es uno de los pesos pesados del fútbol asiático desde que se unió a dicha confederación en 2006, si bien soportó un difícil tránsito a Brasil. Los Canguros debieron esperar hasta su clasificación enfrentandose a Irak para asegurar su pase directo, cuando el goleador Josh Kennedy convirtió el único gol, para el 1-0, en el minuto 83. El alivio de una nación que ama el deporte, y que ahora está comenzando a demostrar su linaje futbolístico, fue palpable cuando 80 500 aficionados celebraron eufóricamente dentro del Estadio ANZ en Sidney.

"Es sorprendente para el país. Ya son tres Copas Mundiales hasta ahora", declaró el capitán Lucas Neill después del partido. "Hace seis meses las cosas se veían un poco difíciles, pero nos hemos agrupado bien".

Las esperanzas de Australia estuvieron en gran riesgo luego de su derrota en Jordania a medio camino de la clasificación, mientras que se empezaba a cuestionar a una escuadra envejecida. Esos mismos jugadores habían llevado a Australia a las dos clasificaciones previas de la Copa Mundial de la FIFA, además de la final de la Copa Asiática 2011, cuando perdió con Japón en tiempos extra.

Su experiencia salió a flote cuando obtuvo un difícil empate 1-1 contra Japón en Saitama, seguido de sendas victorias como local ante Jordania e Irak para asegurar la clasificación. Pero no bastó para que el director técnico Holger Osieck conservara su trabajo, pues los resultados comenzaron a lucir adversos. Las dos derrotas consecutivas por 6-0 ante Brasil y Francia propiciaron la salida de Osieck en octubre pasado, así como la llegada de Ange Postecoglou, dos veces campeón de la Liga A, con

ENTRENADOR

ANGE POSTECOGLOU

El nuevo técnico de Australia enfrenta la tarea de balancear lo antiguo y lo nuevo, luego de haber tomado las riendas en octubre.

Holger Osieck guió a los Canguros a su clasificación, pero las derrotas por 6-0 contra Brasil y Francia precipitaron su partida. Postecoglou enfrenta el reto de integrar a jugadores más jóvenes con otros como Harry Kewell, Lucas Neill y Tim Cahill, que se mantienen competitivos para la Copa Mundial de la FIFA 2014. Es una tarea para la que muchos lo consideran capaz, después de transformar al club Brisbane Roar en la fuerza imbatible que ganó los títulos de la Liga A en 2010-11 y 2011-12.

Arriba: La alineación de los Canguros antes de su victoria sobre Irak en Sídney, la cual confirmó su clasificación para la Copa Mundial de la FIFA 2014.

ESTRELLA

TIM CAHILL

NACIDO: 6 de diciembre 1979
CLUB: New York Red Bulls (EUA)

Tim Cahill es el jugador más confiable a nivel profesional desde que se destacó con dos tardíos goles contra Japón para asegurar la primera victoria de la historia de los Canguros en una Copa Mundial de la FIFA en 2006.

Puede carecer de la destreza de otros delanteros, pero tiene un sexto sentido para aparecer en el lugar y momento oportunos, además de una gran habilidad aérea para tomar por sorpresa a los mejores defensores y dejar fe de que es una constante amenaza en el área.

Una calle principal de Sidney fue nombrada "Autopista Tim Cahill" antes de la clasificación para la Copa Mundial de la FIFA contra Irak, cuando los Canguros ganaron 1-0 contra Irak para reservar su lugar en Brasil.

McGowan representan el corazón de la nueva generación.

Aunados a dichos jugadores se encuentran veteranos que lo han visto todo en los más grandes escenarios, tales como Tim Cahill, Mark Bresciano y Harry Kewell. Así, con la presencia de Mile Jedinak, capitán del Crystal Palace, Postecoglou tiene la base de una escuadra capaz de preocupar a los grandes equipos.

Australia ya hizo sentir su presencia en la reciente Copa Mundial de la FIFA 2006, cuando derrotaron a Croacia y Serbia, para posteriormente ser eliminados apenas por Italia — campeones a la postre—, gracias un penalti en tiempo de descuento cobrado por Francesco Totti.

En un país donde las hazañas deportivas definen el estado de ánimo de la nación, los Canguros, acompañados siempre de aliento vocal, darán su mayor esfuerzo para progresar en Brasil.

un contrato a cinco años. La duración del contrato refleja la voluntad de la Federación Australiana de Fútbol de que Postecoglou cuente con el tiempo suficiente para renovar la escuadra nacional integrando a nuevos jugadores.

Postecoglou perdió al hombre de más experiencia la víspera de su primer partido, contra Costa Rica, cuando Mark Schwarzer, guardameta del Chelsea, anunció su retiro de la escena internacional. Se trata del jugador más laureado (109) de Australia y un veterano de dos Copas Mundiales de la FIFA, además de haber sido pieza fundamental en su clasificación.

Su lugar será ocupado por el guardameta Mitch Langerak, a pesar de su estrepitoso debut frente a Francia. El joven meta del Borussia Dortmund simboliza a la nueva generación de futbolistas australianos que los seguidores esperan den el siguiente paso, conforme los miembros de la "generación de oro" comienzan a dejar el equipo.

Robie Kruse (Bayer Leverkusen), Tom Rogic (Celtic) y James Holland

(Austria Vienna) forman parte del talento australiano que ha probado suerte en la Liga de Campeones de Europa la temporada pasada; por su parte, Tommy Oar, Rhys Williams, Dario Vidosic, Jackson Irvine y Ryan

A SEGUIR

MITCH LANGERAK

NACIDO: 22 de agosto 1988
CLUB: Borussia Dortmund (Alemania)

Mitch Langerak debe llenar el enorme hueco dejado por la partida de Mark Schwarzer.

El portero del Borussia Dortmund tuvo un debut de fuego en octubre pasado durante la derrota por 6-0 en contra de Francia, que significó la salida del entrenador Holger Osieck. El joven de 25 años es bien visto tanto en Australia como en Dortmund, pues ha demostrado poseer la talla, despliegue atlético y fuerza mental para enfrentar grandes retos.

ROBBIE KRUSE

NACIDO: 5 de octubre 1988
CLUB: Bayer Leverkusen (Alemania)

Robbie Kruse se ha afianzado como el más promisorio de la nueva generación de jugadores australianos. Su cabello y estilo de juego desgarbado esconden un agudo sentido sobre el campo de juego que lo ha visto desconcertar a los defensores de la Bundesliga desde que se trasladó a Alemania en 2011. Kruse también es un buen pasador y, desde su transferencia del Fortuna Dusseldorf al Bayer Leverkusen, ha comenzado a mejorar su récord de goleo.

COLOMBIA

LOS CAFETEROS

Después de más de una década estéril, Colombia ha descubierto una segunda generación dorada de jugadores para recuperar sus días de gloria de la década de 1990, cuando llegaron a tres finales consecutivas de la Copa Mundial de la FIFA. Ahora los Cafeteros esperan estar en los encabezados de los diarios, en esta ocasión por razones más felices.

La historia de Colombia en la Copa Mundial de la FIFA está teñida de tristeza tras el asesinato de Andrés Escobar después de su autogol en la derrota frente a EUA en la Copa Mundial de la FIFA de 1994, pero hay una verdadera esperanza de que la actual plantilla pueda crear recuerdos imborrables en la Copa de Brasil. Los Cafeteros no pudieron clasificarse para los últimos tres torneos, lucharon por reemplazar a sus grandes estrellas como Carlos Valderrama, Faustino Asprilla, Freddy Rincón y el excéntrico portero René Higuita.

Sin embargo, con el delantero de 50 millones de libras, Radamel Falcao, del Mónaco a la cabeza y el veterano capitán Mario Yepe aportando seguridad a la defensa, Colombia descubrió una rica veta que los vio terminar segundo en el grupo de clasificación de Sudamérica y llegar tan alto como terceros en la Clasificación Mundial FIFA/Coca-Cola.

En la Copa América 2011, el potencial estaba allí; obtuvieron victorias sobre Costa Rica y Bolivia y empataron con los anfitriones, Argentina, sin recibir un solo gol, antes de su eliminación en cuartos de final ante Perú. José Pekerman cerró filas para asegurar la impresionante cifra de 9 victorias y 3 empates en 16 juegos en el camino a Río, con resultados como las golizas de 4-0 sobre Uruguay y 5-0 sobre Bolivia, además de empatar sin goles frente a Argentina. Los Cafeteros completaron su mejor campaña de clasificación para una Copa Mundial de la FIFA al venir de atrás para ganar a Paraguay 2-1, a pesar de que Fredy Guarín fuera expulsado en el minuto 31; con Yepes

ENTRENADOR

JOSÉ PEKERMAN

Después de una carrera no muy destacada, por una lesión en la rodilla Pekerman se retiró a sus 28 años, se mostró como un excelente entrenador de equipos juveniles antes de hacerse cargo de las fuerzas básicas argentinas. Tres triunfos en igual número de campeonatos mundiales juveniles de la FIFA además de triunfos en 1995, 1997 y 2001 en los Campeonatos Sub-20, antes de dirigir a la selección mayor en la Copa del Mundo FIFA 2006 donde la albiceleste impresionó antes de perder ante Alemania. Desde su llegada a Colombia, experimenta con diferentes formaciones y muchas veces selecciona a jugadores para un papel específico por encima de los miembros estelares del escuadrón.

De izquierda a derecha: (fila superior) Mario Yepes, David Ospina, Carlos Sánchez, Abel Aguilar, Luis Perea, (fila inferior) Teófilo Gutiérrez, Macnelly Torres, Camilo Zúñiga, Radamel Falcao, Juan Cuadrado, Pablo Armero.

ESTRELLA

RADAMEL FALCAO

(Radamel Falcao García Zárate)
NACIDO: 10 de febrero 1986
CLUB: Mónaco (Francia)

Radamel Falcao se estableció como una estrella en ascenso con River Plate en Argentina y floreció cuando se trasladó a Europa, donde ayudó tanto al Porto como al Atlético de Madrid a reclamar triunfos en la Europa League, anotando 29 veces durante esas dos campañas.

Falcao también alcanzó un triplete para el Atlético en la victoria sobre el Chelsea en la Supercopa de la UEFA, además lideró a su equipo a una victoria en la final de la Copa del Rey al vencer a su rival de ciudad, el Real Madrid. Esas hazañas le valieron un traspaso al Mónaco y después de anotar nueve goles para Colombia en la fase de clasificación, Falcao está calificado como uno de los delanteros más precisos en el planeta.

COLOMBIA EN LA COPA MUNDIAL FIFA™

1962	1a ronda
1990	Ronda de 16
1994	1a ronda
1998	1a ronda

equipo fuerte y que no sólo gana juegos, lo hacen jugando bien al fútbol". Valderrama también es un fan de Pekerman, y agregó: "Es un hombre de fútbol que puede jugar el juego y que, a su manera, le ha dado de nuevo al fútbol colombiano una identidad. Los jugadores se han adaptado a él y están consiguiendo los resultados que a Colombia y al mundo les gusta ver". El hecho de que Pekerman podrá llamar a jugadores que ya han demostrado su valía en el nivel más alto de España, Italia, Alemania, Francia, Holanda y Portugal es un buen augurio para un mejor desempeño en su quinta participación en la Copa Mundial de la FIFA.

Escobar escribió la célebre frase "la vida no termina aquí", en reacción a la eliminación temprana de Colombia hace 20 años y sus predecesores están determinados a honrar su memoria con impresionantes exhibiciones en Brasil.

mostrándose como héroe: en 50 encuentros clasificatorios previos sólo había anotado un gol; en este juego marcó 2 veces en tiempo de compensación. Anteriormente, Colombia se había recuperado de un 3-0 en contra para empatar con Chile, un resultado que les garantizaba un boleto a la final, mientras que en los amistosos que habían disputado con Brasil en Nueva York había empatado a cero, mostrando un impresionante nivel superando a equipos como Camerún y Serbia.

Los grandes equipos de Colombia de la década de 1990 no pudieron brillar en el escenario más grande, pero Valderrama, el emblemático talismán de esa época, cree que la actual plantilla puede destacar gracias a la experiencia obtenida por jugar en diferentes países a nivel de clubes: "Es diferente porque todo este grupo juega fuera de Colombia. Estos jugadores han estado en el extranjero desde hace mucho tiempo, lo que les da un poco más de experiencia internacional, degustación de una cultura y una

forma de vida diferente. Creo que esta generación tiene la ventaja sobre la nuestra debido a eso. Es emocionante porque siempre hemos tenido generaciones de muy buenos jugadores que de alguna manera se han perdido por el camino", añadió Valderrama, "ahora han reunido un

A SEGUIR

JAMES RODRIGUEZ

(James David Rodríguez Rubio)
NACIDO: 12 de julio 1991
CLUB: Mónaco (Francia)

Debido a sus excelentes habilidades técnicas y equilibrio, muchos han comparado a James Rodríguez con la leyenda de Colombia Carlos Valderrama, esto le valió que le apoden el Nuevo Pibe (el nuevo chico). Siguió los pasos de Radamel Falcao cuando con el Oporto encabezó la tabla de goleadores de Portugal antes de unirse al Mónaco por una cifra que rondaría los € 45m.

FREDY GUARÍN

(Fredy Alejandro Guarín Vásquez)
NACIDO: 30 de junio 1986
CLUB: Inter Milán (Italia)

Otro mediacampista creativo, se llevó tres títulos portugueses y un puñado de otros reconocimientos durante su estadía con el Oporto antes de pasar al Inter de Milán. En San Siro, ha llenado el vacío dejado por la partida de la estrella holandesa Wesley Sneijder y, además de su juego de sacrificio, siempre es capaz de marcar goles decisivos por sí mismo.

GRECIA

FIFA WORLD CUP
Brasil

LOS PIRATAS

Hace apenas 20 años que Grecia participó por vez primera en una Copa Mundial de la FIFA, pero su fútbol se ha desarrollado enormemente desde entonces. En 2004 lograron coronarse, de manera sorpresiva, como campeones de Europa, por lo que nadie duda que puedan volver a incomodar a los favoritos.

ENTRENADOR

FERNANDO SANTOS

Fernando Santos transitó por diversas posiciones en la dirección de clubes del fútbol griego, tales como Panathinaikos (2001-02), AEK Athens (2004-06) y PAOK (2007-10), antes de hacerse cargo del equipo nacional, posterior a la Copa Mundial de la FIFA 2010.

En su época como jugador, Santos ejerció como lateral izquierdo para el Benfica, club de su ciudad natal y dos periodos de dos años con Maritimo y Estoril, para retirarse en 1975.

Este ingeniero eléctrico y en tele comunicaciones retomó su carrera en el fútbol como técnico con su primer papel en la dirección técnica con Estoril Praia en 1987, para después saborear las mieles del éxito tanto en Portugal como en Grecia.

Hace una década Grecia levantó el trofeo del campeonato europeo de la UEFA en el Estadio da Luz, contra toda probabilidad, derrotando a los anfitriones de Portugal.

Cuatro años más tarde consiguieron su mejor posición (8) dentro del Ranking Mundial FIFA/Coca-Cola, una proeza que han vuelto a emular en octubre de 2011.

Los aficionados griegos han tenido mucho que celebrar en los últimos años, sin embargo no así en la Copa Mundial de la FIFA, donde hasta el momento cuentan con una solitaria victoria.

Su primera clasificación fue en 1994, pero el desempeño en los Estados Unidos resultó decepcionante. Tras haber clasificado con un récord invicto, cayeron 4-0 ante Argentina y Bulgaria y 2-0 ante Nigeria, por lo que regresaron a casa sin puntos ni goles.

Grecia retornó a la Copa Mundial de la FIFA en Sudáfrica 2010, donde consiguieron una temprana victoria contra Nigeria, pero cayeron derrotados ante Corea del Sur y Argentina, por lo que nuevamente quedaron eliminados en fase de grupos.

Para el equipo de Fernando Santos la tercera puede ser la vencida en Brasil, o al menos poder rendir mejores cuentas. Se trata de la primera Copa Mundial para el

Arriba: La alineación de Grecia antes de la segunda vuelta contra Rumania, que resultó crucial.

ESTRELLA

GEORGIOS KARAGOUNIS

NACIDO: 6 de marzo 1977
CLUB: Fulham (Inglaterra)

El capitán Georgios Karagounis ha sido un rostro familiar dentro de la alineación griega durante los últimos 15 años y posee el récord de más apariciones para el equipo nacional.

Después de participar en los equipos juveniles, tuvo su primer llamado con la escuadra mayor contra El Salvador en 1999, y participó en las eliminatorias para la Copa Mundial de la FIFA 2002 donde Grecia fue eliminada

Resultó ser un jugador clave en el triunfo de Grecia en la Euro UEFA 2004 anotando el gol inaugural del torneo.

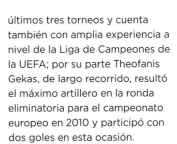
director técnico, quien sustituyó a Otto Rehhagel después del evento de 2010. El técnico portugués llevó a Grecia hasta la ronda eliminatoria de la clasificación europea donde vencieron a Rumania 4-2 en partidos a visita recíproca para obtener el boleto a Sudamérica. Una merecida recompensa por sus actuaciones dentro del Grupo G, donde ganaron ocho y tuvieron una sola derrota, pero fueron superados por Bosnia-Herzegovina por diferencia de goles.

El éxito de Grecia en Europa en 2004 se basó en una sólida defensa, que aún sigue siendo su cimiento, pues sólo concedieron cuatro tantos en los diez juegos de grupo. Sólo España los superó en dicho rubro, y la mitad de esos juegos los ganaron con un marcador de 1-0. El confiable portero Orestis-Spyridon Karnezis es el único jugador que participó cada minuto de la eliminatoria. Cuenta con la protección de una defensa bien organizada, mientras que la media cancha es liderada por el veterano capitán Georgios Karagounis de 37 años.

Grecia es sin duda reconocida por su naturaleza y determinación defensiva, pero no carece de nombres y pericia a la ofensiva.

Sotiris Ninis se ha destacado a nivel internacional, y este veloz atacante espera dejar su huella en Brasil, después de dos apariciones como relevo en Sudáfrica.

El atacante del Celtic, Georgios Samaras ha participado en los últimos tres torneos y cuenta también con amplia experiencia a nivel de la Liga de Campeones de la UEFA; por su parte Theofanis Gekas, de largo recorrido, resultó el máximo artillero en la ronda eliminatoria para el campeonato europeo en 2010 y participó con dos goles en esta ocasión.

La principal arma en el ataque durante la eliminatoria fue Konstantinos Mitroglou, quien anotó cinco goles, tres de los cuales resultaron cruciales contra Rumania. Grecia espera que su habilidad para jugar bajo presión se mantenga en Brasil, pues su objetivo es avanzar más allá de la fase de grupos por primera vez.

A SEGUIR

KYRIAKOS PAPADOPOULOS

NACIDO: 23 de febrero 1992
CLUB: Schalke 04 (Alemania)

Desde su debút profesional a la edad de 15 años, Papadopoulos ha llamado la atención de los principales clubes en Europa, convirtiéndose en un jugador regular del Schalke 04, desde su llegada a la Bundesliga alemana en 2010.

En Brasil tendrá apenas 22 años, pero cuenta con una enorme experiencia para un jugador de su edad.

SOTIRIS NINIS

NACIDO: 3 de abril 1990
CLUB: PAOK (Grecia)

El mediocampista puede jugar tanto por la derecha, como por el centro y se le considera una de las principales fortalezas del ataque griego.

Se le ha llamado un diamante en bruto, y en dos ocasiones se le ha elegido futbolista del año en Grecia.

Las lesiones han mermado su progreso, pero Brasil le brindará la oportunidad de brillar.

GRUPO C

COSTA DE MARFIL

FIFA WORLD CUP
Brasil

LOS ELEFANTES

Presumir de contar con el grupo de jugadores más talentoso que haya tenido alguna nación africana no ha sido suficiente para que Costa de Marfil brille en las dos últimas ediciones de la Copa Mundial de la FIFA, pero la esperanza es eterna y ellos pueden demostrar su verdadera valía cuando se presente la oportunidad en Sudamérica.

La generación dorada de jugadores de Costa de Marfil se ha quedado por debajo de las expectativas en sus dos participaciones en la Copa Mundial de la FIFA, pero están determinados por hacer de Brasil su tercera y exitosa oportunidad.

Los Elefantes cuentan con estrellas de la talla de Didier Drogba, los hermanos Toure, Yaya y Kolo, y Salomón Kalou, pero hasta el momento sólo han decepcionado en los torneos importantes.

Hace ocho años en Alemania la victoria por 3-2 sobre Serbia y Montenegro no bastó para reparar el daño hecho en los descalabros con Argentina y Holanda, pues quedaron en un remoto tercer lugar de su grupo.

En Sudáfrica 2010 Costa de Marfil enarbolaba las esperanzas del continente anfitrión, pero una vez más se quedaron cortos dentro de su difícil grupo, empatando a cero con Portugal y perdiendo 3-1 contra Brasil antes de su triunfo

3-0 sobre Corea del Norte, que resulto estéril.

La Copa Africana de Naciones (CAF) ha sido otra fuente de frustración, pues Costa de Marfil ha sido considerado favorito en las últimas cinco ediciones, pero apenas ha obtenido un segundo lugar en 2006 y 2012.

Sin embargo, casi siempre se encuentran dentro de los primeros 20 del Ranking Mundial FIFA/Coca-Cola en los años recientes y esperan que la experiencia obtenida en dichas caídas les ayude a llegar, al menos, a las etapas eliminatorias.

El director técnico francés, Sabri Lamouchi, tiene la tarea de triunfar donde fracasaron su compatriota Henri Michel y el sueco Sven-Göran Eriksson. Su campaña clasificatoria resultó relativamente sencilla.

ENTRENADOR

SABRI LAMOUCHI

La designación de Lamouchi, de 42 años, para suceder a Francois Zahoui resultó una sorpresa pues carecía de experiencia como director técnico, pero el tiempo que ha dedicado a estudiar a José Mourinho le ha ayudado a sobrellevar la transición.

Este ex mediocampista de largo recorrido aprendió mucho, sin lugar a dudas, durante su estadía en clubes como el Inter de Milan, el Mónaco y Marseille.

Si bien logró una docena de premios con Francia, se quedó fuera de la escuadra ganadora de la Copa Mundial de la FIFA 1998, por lo que está ansioso por dejar huella en el torneo como director técnico.

De izquierda a derecha: (Fila superior) Yaya Toure, Kolo Toure, Sol Bamba, Romaric, Salomon Kalou; (fila inferior) Jean-Jacques Gosso, Didier Zokora, Boubacar Barry, Didier Drogba, Serge Aurier, Gervinho.

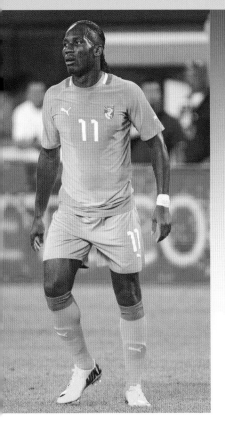

ESTRELLA

DIDIER DROGBA

(Didier Yves Drogba Tebily)

NACIDO: 11 de marzo 1978

CLUB: Galatasaray (Turquía)

Si bien ha pasado los treinta años, Didier Drogba sigue siendo el talismán de Costa de Marfil, liderando la ofensiva dentro y fuera de la cancha. Además de haber anotado más de 250 goles para su país y clubes de la talla de Chelsea, Marseille y Galatasaray, ha sido nombrado Jugador Africano del Año en dos ocasiones. A lo largo de su carrera, ha demostrado ser clave en los partidos importantes. Drogba coronó su paso de ocho años con el Chelsea siendo Jugador del Partido dentro de la FA Cup y de la Liga de Campeones de la UEFA, y sería justo que lograra brillar en el más grande de los escenarios.

COSTA DE MARFIL EN LA COPA MUNDIAL FIFA™

2006	1a ronda
2010	1a ronda

de formar parte de esta aventura y de la historia del fútbol en mi país".

"Queremos lograr algo especial en esta Copa Mundial. Las dos anteriores resultaron complicadas, pero buscamos mejor suerte en esta ocasión, y nuestro objetivo mínimo es pasar la primera etapa".

Lamouchi ha trabajado arduamente tanto en calificar al equipo como en dar oportunidad a nuevos talentos, tales como el atacante del Swansea, Bony, el mediocampista de Saint-Etienne, Max Gradel, y el delantero del Anzi Makhachkala, Lacina Traore.

"A pesar de cierto sufrimiento en los últimos 18 meses, me siento muy orgulloso", declaró Lamouchi. "Los jugadores han trabajado arduamente y hemos, de algún modo, logrado construir algo. Ahora debemos seguir por el mismo camino".

Las expectativas de que Costa de Marfil logre destacar en Brasil son muy altas y, si de aprender de los errores del pasado se trata, ellos nos recuerdan que ¡los elefantes nunca olvidan!

Cuatro victorias y dos empates le dieron la cabeza de grupo a Costa de Marfil contra rivales tales como Marruecos, Tanzania y Gambia, con cinco goles en contra y once a favor a cargo de los experimentados Kalou, Yaya Toure, Drogba y de la joven promesa Wilfried Bony.

Los Elefantes eliminaron, en tiempo de compensación, a Senegal (cuartos de final de la Copa Mundial de la FIFA 2002) 4-2, con goles de Kalou tanto en la victoria por 3-1 en casa como en el empate 1-1 en Casablanca, sellando así su pase a Brasil.

"No ha sido sencillo, pero cuando trabajamos para el equipo obtenemos las recompensas", declaró Kalou, delantero del Lille de Francia y quien previamente destacó con el Chelsea y el Feyenoord. "Cuando las cosas se ponen difíciles lo importante es esmerarse. El fútbol es un juego de equipo y todos los jugadores merecen esta recompensa".

Drogba disfruta la nueva oportunidad de una Copa Mundial de la FIFA, después de su brillante carrera en clubes, que le ha valido numerosos honores con el Marseille, el Chelsea y el Galatasaray.

"Es la tercera Copa Mundial consecutiva para un país pequeño como el nuestro", declaró el poderoso delantero. "Estoy orgulloso

A SEGUIR

YAYA TOURE

(Gnegneri Yaya Toure)

NACIDO: 13 de mayo 1983

CLUB: Manchester City (Inglaterra)

El cambio de Yaya Toure del Barcelona hacia el Manchester City le permitió salir de la sombra de Lionel Messi, Andrés Iniesta y Xavi para establecerse como un mediocampista dominante por derecho propio. Además de su enorme presencia física, posee una gran pericia en el disparo y puede anotar goles desde una gran distancia.

SERGE AURIER

NACIDO: 24 de diciembre 1992

CLUB: Toulouse (Francia)

Después de demostrar su prometedor talento con el Lens, Aurier se ha convertido en un consumado defensor por derecha en Toulouse. Las especulaciones en torno a su transferencia lo vinculan ya con clubes europeos importantes como Arsenal. Es un defensa sólido que ofrece poder ofensivo en sus descolgadas y la exuberancia de la juventud a un equipo ya entrado en años.

JAPÓN

LOS SAMURÁIS AZULES

Japón no tuvo problemas en la calificación para su quinta fase final de la Copa Mundial de la FIFA y, habiendo calificado dos veces a la ronda de 16, ahora son altas las esperanzas de que un talentoso escuadrón nipón pueda progresar en Brasil más que nunca antes.

ENTRENADOR

ALBERTO ZACCHERONI
El experimentado Alberto Zaccheroni comenzó la 14ª etapa de su larga carrera como director técnico dirigiendo a Japón en la Copa Asiática 2011, reemplazando a Takeshi Okada. Le gusta jugar un 4-2-3-1 con una elevada línea defensiva y un estilo de pases rápidos que ha implementado y puesto a punto rápidamente durante su primer papel en el fútbol internacional. Después de algunas victorias en partidos amistosos sobre Ghana, la República de Corea y Australia que ayudaron a levantar la moral, el ex entrenador del AC Milán ha fijado la mira alta en Brasil después de una campaña de clasificación impresionante.

El primer equipo en clasificarse para la Copa Mundial de la FIFA 2014, una nueva imagen por parte de Japón hizo fácil el trabajo de llegar a su quinto torneo consecutivo.

Los campeones de la Copa de Asia han sido bendecidos con una columna vertebral de talentosos individuos que ejercen su oficio en Europa, por lo que Japón podría ser uno de los próximos ganadores por primera vez del trofeo. Impulsado por un cuarto puesto en los Juegos Olímpicos de Londres 2012, los Samuráis Azules, vigente campeón continental, están bien situados para mejorar su eliminación por penales en los dieciseisavos de final de la Copa Mundial de la FIFA 2010.

Su eliminación a manos de Paraguay se produjo después que Japón había sorprendido a muchos por el avance de la fase de grupos gracias a las victorias sobre Camerún y Dinamarca y ahora se habla de repetir esa exhibición en Brasil. Un rápido vistazo a la fase de clasificación asiática sugiere que la confianza está alta. Los hombres de Alberto Zaccheroni promediaron más de dos goles por partido y sólo recibieron ocho en 1 260 minutos de partidos. Su travesía de dos años a Brasil no fue un camino de rosas, pero las primeras derrotas ante Uzbekistán y la RDP de Corea pronto se olvidaron cuando empezaron a cuajar y mostraron su estilo de atacar. Aseguraron su calificación de manera dramática: un penal en tiempo de descuento de Keisuke Honda les valió un empate 1-1 con Australia,

De izquierda a derecha: (fila superior) Yasuhito Endo, Maya Yoshida, Yasuyuki Konno, Yoichiro Kakitani, Eiji Kawashima, Keisuke Honda, (fila inferior) Makoto Hasebe, Atsuto Uchida, Yuto Nagatomo, Shinji Okazaki, Shinji Kagawa.

ESTRELLA

KEISUKE HONDA

NACIDO: 13 de junio 1986
CLUB: AC Milán (Italia)

Keisuke Honda se ha establecido como el talismán de los Samuráis Azules después de llenar los zapatos de Hidetoshi Nakata y Shunsuke Nakamura. Apodado "Emperador Keisuke" por sus elegantes exhibiciones, sobresalió durante la Copa Mundial de la FIFA 2010 con 2 goles y 3 reconocimientos como el jugador del partido. Es un atacante versátil y especialista a balón parado, puede jugar como delantero por cualquiera de las bandas, anotó el penal contra Australia con el que Japón calificó. Fue el primer futbolista japonés que jugó octavos de final de la Liga de Campeones de la UEFA, en 2013 encabezó la lista de goleadores de su país.

JAPÓN EN LA COPA MUNDIAL FIFA™

1998	1a ronda
2002	Ronda de 16
2006	1a ronda
2010	Ronda de 16

una ventaja inexpugnable de siete puntos que provocó celebraciones estruendosas. Esas escenas son algo que Zaccheroni confía en volver a ver.

"Sólo la calificación no es suficiente", dijo. "Nuestro objetivo será aún mayor en Brasil. Yo vine a ganar la Copa del Mundo; ése es el objetivo. Me siento aliviado de que lo logré. Tenemos un compromiso muy fuerte por jugar bien. Vamos a mejorar y sorprender al mundo".

Con 69 806 solicitudes japonesas para boletos durante la primera fase de ventas, sin duda serán respaldados por un significativo número de fanáticos y muchos han señalado el emocionante despliegue ofensivo en su derrota por 4-3 frente a Italia en la Copa Confederaciones de la FIFA el verano pasado como un ejemplo del apoyo que recibirá de los viajeros japoneses. Mientras que de vuelta en casa la abierta y competitiva J. League proveé sangre joven a la selección, más de la mitad de los 23 jugadores de Zaccheroni son de clubes en Europa, sobre todo de la Bundesliga alemana.

Shinji Okazaki encabezó las tablas de goleo durante la calificación, el delantero

del Mainz, que promedia un gol cada dos partidos para su país, se reunió en Alemania con varios de sus colegas internacionales, entre ellos el capitán Makoto Hasebe (Nuremberg), el lateral derecho Atsuto Uchida (Schalke 04) y el mediocampista del Hertha Berlin, Hajime Hosogai. Shinji Kagawa, Yuto Nagatomo y Keisuke Honda son nombres muy conocidos en el fútbol europeo y su exposición regular a la competición

de alto nivel sólo pueden ayudar a las perspectivas de su país.

Esos nombres de estrellas se complementan con la aparición del portero Eiji Kawashima del Standard de Lieja, el defensor Maya Yoshida del Southampton y el experimentado héroe de culto Yasuhito Endo, quien es el jugador con más partidos de Japón de todos los tiempos.

Fuera del campo, el entrenador Zaccheroni y su cuerpo técnico totalmente italiano brindan décadas de experiencia acumuladas en la Serie A del fútbol, mientras que los radicales cambios en la forma en que se desarrollan los jóvenes siguen pagando dividendos con el objetivo de hacer de Japón una nación de clase mundial en el fútbol.

Si el mejor equipo de Asia está a la altura de su indudable potencial en la Copa Mundial de la FIFA en Brasil, entonces esta ambiciosa nación se acercará un paso más a la conquista de un campeonato.

A SEGUIR

SHINJI KAGAWA

NACIDO: 17 de marzo 1989
CLUB: Manchester Utd (Inglaterra)

Jugador ágil y técnicamente dotado de olfato de gol, Shinji Kagawa se convirtió en el primer jugador japonés en jugar para el Manchester Utd y ganó el título de liga en su primera temporada después de 2 títulos consecutivos con el Borussia Dortmund en Alemania. El futbolista asiático Internacional del año en 2012 promedió un gol cada tres partidos con su selección.

YUTO NAGATOMO

NACIDO: 12 de septiembre 1986
CLUB: Inter Milán (Italia)

Desde su debut internacional en 2008, el zaguero Yuto Nagatomo ha sido una pieza fundamental para Japón, ganando más de 60 convocatorias. Sus exhibiciones en la Copa Mundial de la FIFA 2010 le valieron que fuera incluido en el equipo del torneo de Arsene Wenger, entrenador del Arsenal. Es igualmente hábil como lateral por la izquierda o como zaguero central.

URUGUAY

FIFA WORLD CUP
Brasil

LA CELESTE

Uruguay será siempre recordado como la nación que ganó la primeta Copa Mundial de la FIFA en 1930. Ellos repitieron la hazaña en Brasil 20 años más tarde y desde entonces han hecho tres apariciones en semifinales; la última ocurrió en 2010, lo que le dio a Uruguay muchos ánimos para asistir al próximo torneo muy cerca de su tierra.

Uruguay está muy acostumbrado a clasificar para la Copa Mundial de la FIFA de una manera difícil. Para su cuarta clasificación sudamericana sucesiva, La Celeste terminó en quinto lugar, lo que le implicó enfrentar otro encuentro internacional en el repechaje eliminatorio frente a Jordania, donde los jordanos fueron barridos en el primer partido en Amán. La victoria uruguaya por 5-0 demostró cuán peligroso es este equipo cuando las cosas realmente importan; posteriormente obtuvieron un empate sin goles en el partido de vuelta en Montevideo para sellar la clasificación. "Estamos felices porque la verdad ha sido un camino difícil", dijo el goleador Cavani, quien anotó 6 goles en la etapa clasificatoria. El equipo de Tabárez tiene la historia de su parte para dirigirse a la final de la Copa Mundial de la FIFA 2014. Uruguay ganó la única otra competencia mundial realizada en Brasil, en 1950, derrotando a los anfitriones en el encuentro decisivo de la ronda final del grupo de cuatro escuadras. Tabárez tendrá una oportunidad en la primera Copa Mundial de la FIFA en Latinoamérica desde 1986. Uruguay se sentirá como en casa en Brasil, lo que les dará ventaja sobre los grandes equipos europeos, como España y Alemania.

Los sudamericanos también ofrecieron una prueba de lo que pueden ofrecer en Brasil cuando alcanzaron las semifinales de la Copa Confederaciones de la FIFA en 2013, antes de perder con los anfitriones y eventuales campeones. Tabárez se vio alentado por el desempeño de su equipo en dicha derrota por 2-1, en la cual Forlán falló un primer tiro penal antes de que Paulinho marcara el último tanto ganador para Brasil.

ENTRENADOR

OSCAR TABÁREZ

"El Maestro", en su segunda intervención como entrenador de Uruguay, es considerado como uno de los entrenadores más astutos del mundo futbolístico. No ha dudado al tomar decisiones para hacer cambios y movimientos tácticos para anular a sus oponentes. El método de Tabárez ha dado buenos resultados; llevó a su equipo a los octavos de final de la Copa Mundial de la FIFA en 1990 antes de asumir nuevamente el cargo como director técnico en 2006. Durante su segunda estadía, Uruguay ha terminado cuarto en tres torneos importantes y ganó otro. La Celeste está en buenas manos bajo su dirección técnica.

De izquierda a derecha: (Fila superior) Edinson Cavani, Fernando Muslera, Christian Stuani, Diego Lugano, Luis Suárez, Diego Godín; (fila inferior) Diego Pérez, Egidio Arévalo, Maximiliano Pereira, Jorge Fucile, Cristian Rodríguez.

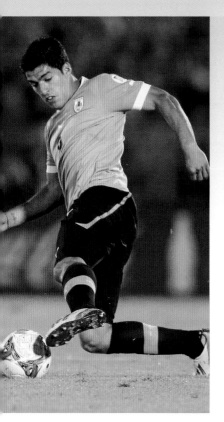

ESTRELLA

LUIS SUAREZ

(Luis Alberto Suárez Díaz)
NACIDO: 24 de enero 1987
CLUB: Liverpool (Inglaterra)

Rara vez hay un momento de aburrimiento cuando Luis Suárez ataca. El ex goleador del Ajax de Holanda está siempre atento, y aunque a veces acapara los encabezados por no muy buenas razones, no hay duda de que es un jugador de calidad. Denle una oportunidad a Suárez en la cancha e invariablemente la aprovechará. Anotó 3 veces en las rondas finales de la última Copa del Mundo de la FIFA, fue galardonado como el mejor jugador de la Copa América 2011 y anotó 11 goles en la etapa clasificatoria. Una mano de Suárez en los cuartos de final para cometer un penal contra Ghana en Sudáfrica opacó su actuación en ese torneo, pero sus pies mostrarán en Brasil su capacidad.

"Me voy muy orgulloso porque sé que si podemos jugar así, tenemos que poder hacer un buen partido contra cualquiera", declaró Tabárez.

En la Copa Mundial de la FIFA Sudáfrica 2010, Uruguay demostró que no tenía razones para temerle a nadie. Encabezaron el grupo donde estaban la nación anfitriona, Francia y México, para después batir a Corea del Sur y a Ghana en su camino a las semifinales, donde perdieron por 3-2 en un emocionante encuentro disputado en Ciudad del Cabo.

Los jugadores más importantes de ese encuentro de semifinales están todavía activos y eso será muy bueno para el aporte de experiencia.

En Luis Suárez y Edison Cavani Uruguay tendrá una de las mayores fuerzas goleadoras del torneo, en tanto que el experimentado Diego Forlán, que obtuvo el Botín de Oro Adidas en Sudáfrica, ofrece a Tabárez otra opción excelente. Diego Godín es un jugador importante en la defensa, y pieza clave junto con Maximiliano Pereira y Egidio Arévalo. Además de su participación en la

Copa Mundial de la FIFA 2010 y en la Copa Confederaciones 2013, la actual cosecha de jugadores ganó la Copa América 2013, de modo que para ellos la experiencia de grandes ocasiones no es un problema.

Es posible que este equipo no sea de los favoritos para ganar la Copa Mundial de la FIFA en el Maracaná el 13 de julio, pero las naciones que consideran eso y los descartan lo hacen bajo su propio riesgo.

Uruguay es un equipo peligroso, particularmente en entornos familiares, y si Suárez y Cavani se conectan, hay una buena oportunidad para que La Celeste disfrute un nuevo torneo exitoso.

"Nuestra postura es no creer que el futuro ya está trazado de antemano", declaró Tabárez luego de que su equipo venciera a Argentina por 3-2 en el último partido de la ronda clasificatoria en octubre pasado.

Uruguay cree que su destino está en sus propias manos y ésa es una buena condición mental. Con muchas condiciones a su favor, Uruguay no puede tener mejores posibilidades para coronarse como campeón mundial por tercera vez en su historia.

A SEGUIR

EDINSON CAVANI

(Edinson Roberto Cavani Gómez)
NACIDO: 14 de febrero 1987
CLUB: París Saint-Germain (Francia)

Fue una de las mejores contrataciones del mundo al pasar del Nápoles al París Saint-Germain en un traspaso que significó un precio récord para la Ligue 1. El delantero tiene mucha movilidad, destreza y puede anotar con ambos pies. Junto a Suárez tendrá la posibilidad de iluminar el torneo.

DIEGO GODIN

(Diego Roberto Godín Leal)
NACIDO: 16 de febrero 1986
CLUB: Atlético Madrid (España)

Uruguay debe estar seguro de que es sólido en la defensa para establecer una plataforma para sus letales hombres de ataque. Rápido, poderoso y ordenado, el defensor Diego Godín es la esperanza de La Celeste para anular a los mejores goleadores del planeta. Él podría ser tan importante para Uruguay como Luis Suárez y Edison Cavani.

COSTA RICA

LOS TICOS

Costa Rica quedó fuera de las finales de la Copa Mundial de la FIFA 2010 por un margen más que apretado. Pero el revitalizado equipo de Jorge Luis Pinto está de vuelta en el 2014 en el mayor espectáculo del mundo después de reservar su lugar en Brasil con dos partidos clasificatorios de antelación.

ENTRENADOR

JORGE LUIS PINTO

Soñaba con dirigir a Costa Rica en la Copa Mundial de la FIFA desde que se hizo cargo de los ticos por primera vez en 2004. Una decepcionante racha de resultados llevó a su despido en 2005 y las esperanzas de Pinto de dirigir en una Copa Mundial parecían condenadas.

Después de un paso sin éxito con Colombia su país natal, volvió para un segundo periodo con Costa Rica en 2011 y esta vez sus sueños se convirtieron en realidad.

Pinto guió al equipo a la victoria en la Copa Centroamericana 2013 antes de conseguir la clasificación para Brasil, con todavía dos partidos por jugar.

Costa Rica, campeones centroamericanos, se dirigen a su cuarta fase final de la Copa Mundial de la FIFA y buscan mostrar cuánto han avanzado desde su decepcionante actuación en la competición de 2006. Los Ticos no lograron recoger un solo punto, ya que terminaron último de su grupo en Alemania, pero desde entonces, mucho ha cambiado.

Los grandes ex jugadores como Paulo Wanchope, Walter Centeno y Rolando Fonseca han cedido el paso a una nueva generación de jugadores con talento que, bajo la dirección del entrenador Jorge Luis Pinto, tienen el potencial de ir más allá de lo que ha llegado Costa Rica esta competición. Más jugadores de Costa Rica que nunca antes desempeñan su oficio en Europa y esto ha dado un gran impulso a la selección nacional. El delantero Bryan Ruiz del Fulham, el arquero Keylor Navas del Levante y el delantero del Arsenal Joel Campbell se encuentran entre los 12 jugadores de la escuadra de Costa Rica que juegan en Europa.

Con tantos miembros de su primer equipo que semana a semana juegan a nivel mundial, los Ticos son ahora un equipo mucho más fuerte de lo que han sido en el pasado. Costa Rica compitió en su primera Copa

Arriba: Costa Rica se alinea antes del partido de clasificación contra EUA, en San José en septiembre.

ESTRELLA

BRYAN RUIZ

(Bryan Jafet Ruiz González)
NACIDO: 18 de agosto 1985
CLUB: Fulham (Inglaterra)
Para muchos la exportación más reluciente de Costa Rica, el mediocampista del Fulham Bryan Ruiz es un hombre con toda la técnica de un número 1, que representa una grave amenaza de ataque tanto por aire como por tierra. Su gran control, el deseo incesante de vencer a los rivales y la capacidad fenomenal para cabecear lo hacen una verdadera amenaza.

El ex delantero del FC Twente nunca ha estado en las finales de la Copa Mundial de la FIFA y mientras encabeza a su selección en el escenario más importante de todos, quiere dejar una gran impresión, con la oportunidad de mostrar al mundo sus sublimes habilidades.

Mundial de la FIFA en 1990, y las victorias sobre Suecia y Escocia en la fase de grupos los vieron clasificar a la ronda de 16vos de final, lo más lejos que han llegado hasta la fecha en la competición.

No fueron capaces de aprovechar su éxito en Italia; no lograron clasificarse para la final en los EUA en 1994 y la de Francia en 1998. Las expectativas eran altas durante la la Copa Mundial de la FIFA 2002 después de encabezar la tabla de clasificación, con seis puntos de ventaja: una dura derrota anta Brasil en el último partido del grupo truncó la posibilidad de clasificarse a la siguiente ronda sólo por diferencia de goles.

Los Ticos también se clasificaron para la Copa Mundial de la FIFA 2006 en Alemania, pero no rindieron buenas cuentas, perdieron sus tres partidos de grupo en lo que se convirtió un torneo para olvidar tanto para los aficionados como para los jugadores por igual.

Costa Rica perdió ante Uruguay un partido de repechaje en el 2010, que les negó la oportunidad de jugar su tercer torneo consecutivo, pero este año están de vuelta y algunos dicen que se ven mejor que nunca.

El técnico colombiano Pinto es el hombre que se ha encargado de la tarea de dirigir a este grupo de talentosos jóvenes. La gran mayoría de sus jugadores que no han estado en una fase final de la Copa Mundial de la FIFA antes, pero ellos no son los únicos.

Pinto aún no ha dirigido ningún equipo en la competición más prestigiosa del fútbol y está increíblemente entusiasmado con la perspectiva de dirigir su primera Copa Mundial de la FIFA, tanto así que rompió en llanto durante una entrevista con la emisora de radio Columbia de Costa Rica la noche en que su equipo se clasificó para el torneo. Dijo: "He trabajado toda mi vida, tan duro, para llegar a la Copa del Mundo, toda mi vida, lo que es pura felicidad".

Con un entrenador tan apasionado al timón y un grupo de jugadores que crecen en experiencia, confianza y capacidad, Costa Rica tiene el potencial de ocasionar un revuelo importante en Brasil.

A SEGUIR

ALVARO SABORIO

(Alvaro Alberto Saborio Chacón)
NACIDO: 25 de marzo 1982
CLUB: Real Salt Lake (EUA)
Alvaro Saborío es un fuerte delantero con un tremendo récord de goles para su club y su selección.

Es el líder goleador del Real Salt Lake de todos los tiempos, y fue el máximo goleador de Costa Rica en la clasificación. Pasó gran parte de la campaña de la Copa Mundial de la FIFA 2006 en el banquillo.

JOEL CAMPBELL

NACIDO: 26 de junio 1992
CLUB: Arsenal (Inglaterra)
El joven Joel Campbell es un rápido relámpago ofensivo con un as en la manga y un olfato de gol.

Campbell ha desarrollado su juego durante los exitosos períodos de préstamo con Lorient, Real Betis y el Olympiacos desde que se unió en 2011 al club Arsenal de Arsene Wenger, procedente del equipo costarricense Deportivo Saprissa.

INGLATERRA

LOS TRES LEONES

Esta nación, fanatizada por el fútbol, que jugó un papel fundamental en la creación de este deporte, ha estado esperando por casi medio siglo repetir su logro como campeones de la Copa Mundial de la FIFA obtenida en 1966. Algunas dudas pueden haber frenado esas expectativas, pero Inglaterra siempre es uno de los equipos favoritos para triunfar.

ENTRENADOR

ROY HODGSON

Este experimentado director técnico de 66 años de edad, cuya extensa carrera comenzó en Suecia, no es extraño a la escena internacional, y sus temporadas con Suiza, los Emiratos Árabes Unidos y Finlandia lo han hecho el candidato ideal cuando la Asociación Inglesa de Fútbol necesitó un reemplazo para Fabio Capello en mayo de 2012.

Este entrenador afable, también condujo, a nivel de clubes, equipos de Dinamarca, Italia y su natal Inglaterra antes de su actual posición, la cual heredó pocos meses antes de que Inglaterra estuviera posicionada en lo más bajo de la Copa Euro de la UEFA 2012. Inglaterra no perdió un solo juego de ese torneo y, al final, fue eliminada en los penales por Italia. Luego de dos años para formar el equipo a su propio estilo, Roy Hodgson buscará una mejora en el torneo de Sudamérica.

Desde que de manera memorable Bobbie Moore alzó el trofeo Jules Rimet en su propia tierra en el Estadio de Wembley, los Tres Leones se han quedado cortos en las finales de la Copa Mundial de la FIFA, gracias a algunos de los momentos más clásicos de esta competencia. Estuvo la famosa "Mano de Dios" en el gol de Diego Maradona para Argentina en 1986, las lágrimas de Paul Gascoigne en Italia cuatro años después y la petulante tarjeta roja para David Beckham en 1998.

En la Copa Mundial de la FIFA 2010, Inglaterra no pudo destacar por la simple razón de que fueron arrollados por el equipo de Alemania por 4-1 en los octavos de final en Sudáfrica.

Con Holanda y España disputando la final ese año, el fútbol Inglés se vio forzado a reconsiderar su lugar entre la élite europea. Lo perplejo del asunto, dijeron los críticos, fue por qué esos jugadores de clubes inmensos del país –como el Manchester United, el Chelsea y el Arsenal, que son exitosos en el continente– parecieran no haber podido trasladar su juego a la arena internacional. Sin embargo, bajo el técnico actual Roy Hodgson, la fe ha empezado a restaurarse, lenta pero firmemente. A pesar de que Inglaterra no obtuvo su boleto a las finales de la Copa Mundial de la FIFA 2014 sino hasta los últimos partidos clasificatorios, lo hicieron sin perder ni un encuentro del Grupo

De izquierda a derecha: (Fila superior) Kyle Walker, Rickie Lambert, Phil Jagielka, Joe Hart, Gary Cahill, Frank Lampard; (fila inferior) Theo Walcott, James Milner, Steven Gerrard, Ashley Cole, Jack Wilshere.

ESTRELLA

STEVEN GERRARD

NACIDO: 30 de mayo 1980
CLUB: Liverpool (Inglaterra)

Los ingleses aman a sus líderes y el capitán Gerrard esperará conjuntar a sus compañeros de equipo en las finales de la Copa Mundial de la FIFA 2014 con el tipo de conducción que ha sido el punto más alto de su carrera para su club y su país.

Gerrard es un enérgico mediocampista de movimientos completos capaz de realizar largos pases, e inclusive tiene la habilidad de introducirse al área y anotar, tal como lo demostró con el triunfo por 2-0 de Inglaterra contra Polonia que selló en la clasificación. El jugador del Liverpool está tal vez ingresando en su última etapa en un torneo importante a nivel internacional, pero aún es muy bueno para definir partidos, especialmente mediante sus precisas y mortíferas asistencias.

INGLATERRA EN LA COPA MUNDIAL FIFA™

1950	1a ronda
1954	Cuartos de final
1958	1a ronda
1962	Cuartos de final
1966	CAMPEONES
1970	Cuartos de final
1982	2a ronda
1986	Cuartos de final
1990	4o lugar
1998	Ronda de 16
2002	Cuartos de final
2006	Cuartos de final
2010	Ronda de 16

H, anotando 31 goles y admitiendo sólo cuatro en el proceso. El capitán Steven Gerrard y el goleador Wayne Rooney estaban en excelente forma y la siguiente generación, como Jack Wilshere, del Arsenal, Danny Welbeck, del Manchester United, y Andros Townsend, han inyectado más optimismo. El fútbol de ataque no ha sido nunca el fuerte de Inglaterra, pero el equipo de Hodgson se ha visto involucrado en algún suspenso ocasional bajo su conducción –un emotivo empate por 2-2 con Brasil en el Estadio Maracaná en junio del año pasado dejó constancia de eso. "Tengo gran confianza de que mis jugadores no nos defraudarán", dijo Hodgson al referirse a las posibilidades de Inglaterra en Brasil luego de haber asegurado la clasificación. "Hemos estado trabajando juntos durante 18 meses y ha cambiado la forma en que jugamos. Estamos mejorando en todo momento y con mucha esperanza lo seguiremos haciendo. Los jugadores realmente han conformado un buen

grupo y confían los unos en los otros". Luego de los denominados años de bajo rendimiento, existe la teoría de que el desplazamiento le sentará muy bien a Inglaterra. Gerrard está muy feliz con esa idea, insistiendo en que ellos tienen el potencial para sorprender a sus críticos. "Lo que resulta importante es que hemos demostrado a todos que somos un

gran equipo", dijo el mediocampista del Liverpool. "No hemos sentido autocompasión cuando se nos ha criticado, y nos hemos dispuesto a trabajar duro y sacar esto adelante. "Es un hermoso sentimiento ir a Brasil, y esperamos llegar allí con un poco menos de presión sobre nuestras espaldas, y poder sorprender a algunos".

Probablemente apoyados como nunca por una gran multitud que viajará para alentarlos y que estará anhelante de volver a los días de gloria de Moore, Alf Ramsey y Geoff Hurst no pasará mucho para que esta nación comience a soñar y creer nuevamente.

A SEGUIR

WAYNE ROONEY

NACIDO: 24 de octubre 1985
CLUB: Manchester Utd (Inglaterra)

Ha sido una presencia habitual en las formaciones de Inglaterra desde su aparición en la escena siendo un joven inexperto. Posee gran capacidad de desplazamiento y poder ofensivo. El delantero del Manchester Utd. tiene una gran inteligencia e Inglaterra confiará en él por su destacada astucia en el ataque.

THEO WALCOTT

NACIDO: 16 de marzo 1989
CLUB: Arsenal (Inglaterra)

El andar eléctrico de Walcott hace que sea un dolor de cabeza para los defensores oponentes y ha demostrado su habilidad para llegar a la red al desplazarse por el extremo derecho del ataque. Tendrá la posibilidad de demostrar su valía después de no haber sido convocado para la Copa Mundial de la FIFA 2010 en Sudáfrica.

ITALIA

LOS AZZURRI

Italia se encamina a Brasil con una excelente oportunidad de convertirse en el primer país europeo en levantar el trofeo de la Copa Mundial de la FIFA en Sudamérica. Los Azzurri llegaron a la final del Campeonato de Europa en 2012 y obtuvieron el tercer lugar en la Copa FIFA Confederaciones 2013.

Marcello Lippi guió a los Azzurri a la gloria en Alemania, pero no pudo repetir la hazaña cuatro años más tarde en Sudáfrica, cuando Italia no pudo ganar un solo partido en la fase de grupos y dejó el torneo dos semanas antes sin su preciado trofeo.

Se necesitaba un cambio y el experimentado entrenador de la Serie A Prandelli fue traído rápidamente de la Fiorentina, club en el que había dirigido en los dieciseisavos de final de la UEFA Champions League a principios de 2010.

Italia encabezó pronto su grupo de clasificación para llegar al Campeonato de Europa de 2012 y tres goles del protegido de Prandelli, Mario Balotelli, ayudaron a llegar a la final. España, el campeón mundial, pudo haber resultado demasiado fuerte para los italianos en Kiev, pero un nuevo, vigoroso y excitante equipo surgía bajo la supervisión de Prandelli.

Un tercer puesto en la Copa FIFA Confederaciones 2013 seguido de una campaña clasificatoria casi perfecta para la Copa Mundial de la FIFA hizo que Italia se convirtiera en uno de los primeros países en reservar sus boletos a Brasil.

Persiste la preocupación por la falta de poder de las estrellas y así, el hombre que Prandelli está desesperado por ver a bordo del avión es Balotelli. El excéntrico delantero del AC Milan ha luchado con problemas de disciplina dentro y fuera del terreno de juego, pero puede ganar por su cuenta los partidos cuando está de vena. Balotelli cuenta con los talentos combinados de todo tipo de delanteros y puede regatear rivales

ENTRENADOR

CESARE PRANDELLI

Italia necesitaba un cambio de dirección después de una decepcionante experiencia en la Copa Mundial de la FIFA 2010. Cesare Prandelli había hecho un buen trabajo con la Fiorentina y restauró el orgullo y espíritu de lucha del equipo italiano. En un periodo de dos años, guió al equipo a la final del Campeonato de Europa de 2012, en la que sólo fueron derrotados por España, y la clasificación para la final 2014 de la Copa Mundial de la FIFA por primera vez en la historia de Italia la logró faltando dos partidos.

Prandelli planea volver a dirigir algún club a su regreso de Brasil, pero está determinado a terminar en el puesto más alto.

Arriba: Italia alinea antes de su partido de clasificación contra Dinamarca en Copenhague en octubre.

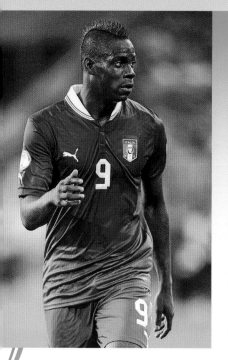

ESTRELLA

MARIO BALOTELLI

(Mario Barwuah Balotelli)
NACIDO: 12 de agosto 1990
CLUB: AC Milan (Italia)

Imprevisible, temperamental pero innegablemente talentoso. El estado de ánimo en el que Mario Balotelli llegue a Brasil podría ser clave para Italia. El delantero estelar estaba en el conjunto Manchester City cuando sus tres goles ayudaron a la Azzurri a llegar a la final del Campeonato de Europa 2012, pero desde que regresó a Italia con el AC Milan ha florecido en verdad. Su fantástico control del balón y puntería mortal le hacen imparable cuando está en su día. Hasta septiembre del 2013 mantuvo una tasa de éxito del 100 por ciento desde el punto de penalti.

ITALIA EN LA COPA MUNDIAL FIFA™

Año	Resultado
1934	CAMPEONES
1938	CAMPEONES
1950	1a ronda
1954	1a ronda
1962	1a ronda
1966	1a ronda
1970	Subcampeones
1974	1a ronda
1978	4o lugar
1982	CAMPEONES
1986	Ronda de 16
1990	3er lugar
1994	Subcampeones
1998	Cuartos de final
2002	Ronda de 16
2006	CAMPEONES
2010	1a ronda

desde lo más profundo para terminar con delicadeza, o puede disparar un tiro libre imparable o convertir un penal bajo una intensa presión.

"¿Es posible ir a la Copa del Mundo sin él? Por supuesto que no", dijo Prandelli.

"Estoy convencido de que Mario no hará nada fuera de lo normal otra vez y que va a llegar a la Copa Mundial con la mejor preparación.

"Hablé con él y me dijo que era su sueño. Tiene que dejar sus problemas atrás y abandonar al personaje en el que se ha convertido".

Prandelli ha tenido éxito mezclando en su experimentado equipo el talento de jóvenes interesantes como Marco Verratti, Stephan El Shaarawy y Lorenzo Insigne junto a los ganadores de la Copa Mundial de la FIFA Andrea Pirlo y Gianluigi Buffon, quien es el jugador con más partidos de Italia.

La fortaleza tradicional de Italia siempre ha estado en su defensa, donde Giorgio Chiellini, Andrea Barzagli y Leonardo Bonucci se clasifican entre los más duros defensas centrales en el fútbol mundial. La amplia versatilidad que ofrecen jugadores como Christian Maggio, Alessio Cerci y Stephan El

Shaarawy significa que los rivales de Italia nunca pueden estar seguros de qué esperar y, además, los Azzurri ya han demostrado que pueden competir con los titulares de España.

Anularon la amenaza del temible ataque de La Roja en un empate sin goles en la Copa FIFA Confederaciones 2013, en la que también dieron un susto a la nación anfitriona, Brasil, y dominaron a sus compañeros

aspirantes a la Copa Mundial de la FIFA Alemania cuando se enfrentaron en el Campeonato de Europa 2012.

Italia tiene un arduo camino frente a cualquiera de esos gigantes europeos, o al anfitrión Brasil, si quieren coronarse como campeones del mundo una vez más. Además, enfrentar a tres rivales de clase mundial es un lujo que pocas naciones han disfrutado.

A SEGUIR

LORENZO INSIGNE

NACIDO: 4 de junio 1991
CLUB: Napoli (Italia)

El joven delantero del Napoli ya ha impresionado con la selección absoluta, pero fue con su tiro libre ganador contra Inglaterra en el Campeonato de Europa Sub-21 2013 cuando realmente capturó el interés de los aficionados italianos.

También está en su elemento cuando crea jugadas en el área rival. Lorenzo Insigne podría ser una sorpresa en Brasil.

MARCO VERRATTI

NACIDO: 5 de noviembre 1992
CLUB: París Saint-Germain (Francia)

Brasil puede llegar a ser el último destino de la Copa Mundial de la FIFA para el veterano Italiano Andrea Pirlo, pero para el recién llegado Marco Verratti hay muchos años en busca de la cima.

El pasador principal del Pescara fue seguido minuciosamente en la selección sub-21 y rápidamente hizo su debut con la selección mayor ante Inglaterra en agosto de 2012, marcando su primer gol contra Holanda en febrero de 2013.

SUIZA

LA NATI

Con el fracaso de no superar la primera ronda en Sudáfrica hace cuatro años, Suiza anunció su intención de quedar invicta en su grupo de calificación. La Nati busca conservar su magnífica forma camino de su décima participación en una Copa Mundial de la FIFA.

ENTRENADOR

OTTMAR HITZFELD

Antes de dar por concluida su carrera como entrenador, Ottmar Hitzfeld sueña con agregar un nuevo trofeo a su gabinete.

El ex internacional alemán ganó todo lo que era posible ganar durante su carrera como futbolista en clubes como el Borussia Dortmund y el Bayern Munich, pero sigue aún buscando trofeos como entrenador desde su cambio al área internacional en 2008. Hitzfeld fue la mente detrás de la derrota española, acabando con una racha de once victorias, en el juego de apertura en Sudáfrica hace cuatro años, aunque no sirvió de mucho pues quedaron eliminados en la primera ronda.

En octubre pasado Hitzfeld anunció su intención de retirarse de su labor como director técnico al finalizar la Copa Mundial de 2014, lo que describió como la "decisión más difícil" de su carrera.

Suiza resultó el equipo sorpresa durante la eliminatoria, terminando segundos del Grupo E y habiendo cosechado 24 de 30 puntos posibles. Una impresionante cadena de resultados los llevó del lugar 14 al 7 del Ranking Mundial FIFA/Coca-Cola, ubicándolos entre los favoritos para el torneo de Brasil.

Resulta difícil creer que se trata del mismo equipo que falló en la primera etapa en 2010 y quedó eliminado de la clasificatoria para la UEFA Euro 2010, pero bajo el mando de uno de los entrenadores más exitosos en el fútbol, Suiza se jacta ahora de su equipo capaz de enfrentar a cualquiera.

La mezcla de jóvenes promesas, como Xherdan Shaquiri, mediocampista del Bayern Munich y jugadores experimentados, como Stephan Lichtsteiner, brinda a Suiza un equipo talentoso listo para el combate en Brasil.

El entrenador Ottmar Hitzfeld confía en que ser uno de los mejor clasificados dará un gran impulso a sus jugadores.

"Esta calificación hará a mis jugadores aún más fuertes mentalmente", declaró a FIFA. com. "Pero, también me interesa que tengan los pies bien puestos en la tierra".

Si bien Suiza ha participado en 9 de las 19 ediciones de la Copa Mundial FIFA, nunca han llegado más allá de los cuartos de final. Muchos consideran que en esta ocasión tienen la oportunidad de lograrlo, y puesto que su entrenador se retirará al finalizar la competencia, esto motivará aún más a los jugadores.

Antes de concentrarse en el fútbol internacional, Hitzfeld guió al Borussia Dortmund y al Bayern Munich a la gloria en la Liga de Campeones de la UEFA y con Suiza se percibió una mejora continua desde su nombramiento en 2008.

Arriba: La alineación del equipo suizo en 2013, previo a su partido amistoso contra Grecia en Atenas.

ESTRELLA

XHERDAN SHAQIRI

NACIDO: 10 de octubre 1991

CLUB: Bayern Munich (Alemania)

Velocidad, fuerza y precisión son algunos de los atributos que convierten al mediocampista del Bayern Munich, Xherdan Shaquiri, en uno de los jóvenes más brillantes. Posee un gran talento para el regate y el juego de creación, y con el balón en los pies resulta letal.

Este campeón de la Liga de Campeones de la UEFA 2012-13 quizá no sea tan prolífico para convertir goles, pero su talento para crear oportunidades de la nada lo convierte en una pieza clave en cualquier equipo. Si bien formó parte de la escuadra de Hitzfeld hace cuatro años, apenas tuvo una breve presentación como sustituto, por lo que espera en esta ocasión poder mostrar al mundo lo que puede lograr.

SUIZA EN LA COPA MUNDIAL FIFA™

Año	Resultado
1934	Cuartos de final
1938	Cuartos de final
1950	1a ronda
1954	Cuartos de final
1962	1a ronda
1966	1a ronda
1994	Ronda de 16
2006	Ronda de 16
2010	1a ronda

Durante la primera campaña clasificatoria de Hitzfeld, Suiza terminó a la cabeza de su grupo y le propinó una notoria derrota a los futuros campeones de España en su partido inaugural de la Copa Mundial de la FIFA 2010, aunque fracasaron en pasar a la siguiente ronda.

Después de una segunda clasificación victoriosa, el ex atacante del FC Basel, anunció su intención de retirarse después del compromiso de 2014. Hitzfeld realmente sueña con alcanzar nuevas alturas cuando guíe a su equipo en el más grande espectáculo sobre la tierra por segunda ocasión.

Él declaró para FIFA.com: "Nuestra meta en Brasil es superar la fase de grupos y después seguir avanzando tanto como sea posible. Ir a Brasil a jugar tan solo tres partidos no tiene ningún sentido".

A pesar de liderar su grupo clasificatoria, algo que Suiza sigue echando en falta, es un delantero absoluto.

El defensor del FC Basel, Fabian Schaer, fue el máximo anotador con tres tantos a su cuenta, mientras que los delanteros Mario Gavranovic (2) y Haris Seferovic (1) anotaron 3 en total.

Hitzfeld requiere un mayor aporte de sus atacantes, pero su respaldo son los atacantes ofensivos, tales como Gokhan Inler y Granit Xhaka, en caso de que sus atacantes no terminen de subirse al tren. Suiza llega al torneo rebosando confianza, y si el equipo alcanza a desarrollar todo su potencial, la Copa Mundial de la FIFA 2014 será un evento memorable para Hitzfeld.

A SEGUIR

GRANIT XHAKA

NACIDO: 27 de septiembre 1992

CLUB: Borussia Moenchengladbach (Alemania)

El mediocampista del Borussia Moenchengladbach, Granit Xhaka es recio e insuperable cuando se trata de convertir la defensa en ofensiva. Este joven de 21 años, altamente cotizado, ha continuado haciéndose fuerte desde su traspaso del FC Basel a la Bundesliga en 2012 y busca hacerse notar durante su primera participación en una Copa Mundial de la FIFA.

GOKHAN INLER

NACIDO: 27 de junio 1984

CLUB: Napoli (Italia)

El capitán suizo, Gokhan Inler posee un carácter ofensivo, fuerza y talento para marcar goles formidables. Aunque quizá su mayor aporte al equipo es su experiencia. El mediocampista del Napoli es uno de los pocos de la escuadra que sabe qué es jugar una Copa Mundial de la FIFA, así que su papel resultará clave para preparar a los más jóvenes para lo que les espera.

GRUPO E

ECUADOR

FIFA WORLD CUP
Brasil

LA TRICOLOR

Ecuador se sobrepuso a la adversidad para clasificar a la Copa Mundial de la FIFA, después de perder a uno de sus estrellas en un momento decisivo durante la eliminatoria en Sudamérica. Cuando el torneo inicie serán de nuevo un equipo hermanado.

Ecuador mostró una gran fuerza de carácter para sobreponerse a la trágica muerte del atacante Christian Benítez durante la eliminatoria para la Copa Mundial de la FIFA, y estarán más motivados para honrar su memoria con una gran demostración en Brasil.

Benítez, a quien de cariño le llamaban Chucho, había anotado cuatro goles para La Tricolor en el camino a Río cuando tristemente falleció debido a una falla cardiaca, poco después unirse al club catarí El Jaish el verano pasado.

El multipremiado delantero había desarrollado una carrera estelar en su país y en México, y tenía apenas 27 años al momento de su fallecimiento, por lo que será echado de menos durante el torneo en Brasil. A manera de tributo, Ecuador retiró la playera 11.

Con apenas cuatro juegos restantes en su grupo en Sudamérica, Ecuador consiguió apenas uno en sus visitas a Colombia y Bolivia, pero estelarizaron un 1-0 contra Uruguay en su propio territorio, juego que Reinaldo Rueda dedicó a Benítez.

La derrota 2-1 contra Chile bastó para desbancar a Uruguay del cuarto (y automático) pase directo por diferencia de goles, lo que les valió alcanzar una Copa Mundial por tercera ocasión en las últimas cuatro ediciones.

Para Rueda la etapa final también significó una cuesta arriba pues perdió a su padre cuatro días antes de la muerte de Benítez.

ENTRENADOR

REINALDO RUEDA

El colombiano Reinaldo Rueda se hizo de una gran reputación dirigiendo a las escuadras juveniles de su tierra natal, guiándolos al tercer lugar del Campeonato Mundial Juvenil de 2003 y al cuarto en la Copa Mundial sub-17 ese mismo año.

También ayudó a la escuadra mayor a salvar el honor en su eliminatoria para la Copa Mundial de la FIFA 2006 después de una serie de malos resultados, para después dirigir a Honduras a Sudáfrica 2010. Rueda es un técnico apasionado y reflexivo que inspira una fuerte ética de trabajo y espera que trabajar unidos les ayude a vencer a rivales de mayor talento.

De izquierda a derecha: (Fila superior) Segundo Castillo, Frickson Erazo, Alexander Dominguez, Jorge Guagua, Christian Noboa, Felipe Caicedo; (fila inferior) Jefferson Montero, Juan Carlos Paredes, Antonio Valencia, Enner Valencia, Walter Ayovi.

ESTRELLA

ANTONIO VALENCIA

(Luis Antonio Valencia Mosquera)
NACIDO: 4 de agosto 1985
CLUB: Manchester Utd (Inglaterra)
Extremo poderoso con un equilibrio entre velocidad y poder, Valencia ascendió por la vía difícil en su carrera futbolística. Debió demostrar su talento en Ecuador con El Nacional y luego con Wigan Athletic en Inglaterra antes de recalar en el Manchester United en el verano de 2009. El ex entrenador del equipo, Sir Alex Ferguson, lo describió como "un jugador honesto, esforzado, capaz de barrer y vencer a cualquiera en la carrera". Valencia siempre está oteando oportunidades para sus compañeros en posición de ataque con centro cruzados. Si bien es un capitán bastante introvertido, lidera con el ejemplo en la cancha.

Uruguay, en Montevideo, y tan solo en Buenos Aires perdieron por más de un gol.

El capitán Antonio Valencia posee el físico fuerte típico del jugador ecuatoriano. Este poderoso extremo ha cosechado diversos honores de manera individual, así como durante su estadía con Manchester United.

Felipe Caicedo fue su máximo anotador, con siete goles, y posee también experiencia en diversos clubes de Inglaterra, Portugal y España, así como con su actual equipo, el Lokomotiv de Moscú en Rusia. Por su parte los veteranos Walter Ayoví, Segundo Castillo y Edison Méndez garantizan la estabilidad de la defensa.

Hace ocho años, en Alemania, Ecuador llegó a los octavos de final, con victorias sobre Polonia Costa Rica y una apretada derrota ante Inglaterra. Pocos equipos disfrutarán el prospecto de enfrentarlos en el fragor de la batalla en Brasil.

Pero su espíritu simbolizó el de su escuadra para sobreponerse a tal adversidad. "Echaremos de menos a un jugador tan completo, pero también lo que significaba para nosotros fuera de la cancha, por su armonía, su felicidad y su habilidad para sortear las disputas", declaró Rueda: "Ha dejado un gran vacío. Lidiar con la pena ha sido difícil, pero es preciso seguir adelante. Experimentamos los malos momentos de la vida con gran intensidad, pero también los superamos de la misma manera".

Ecuador también demostró que puede enfrentar las condiciones arduas del terreno al cosechar 22 de los 25 puntos clasificatorios en el enrarecido aire del Estadio Olímpico Atahualpa de Quito, la ciudad capital más elevada del mundo. Las siete victorias en casa y un empate con Argentina les granjearon el viaje a Brasil, donde muchos jugadores resentirán la fatiga del caluroso y demandante entorno, pero La Tricolor suele adaptarse de manera admirable.

"Los ecuatorianos son muy fuertes físicamente y es muy difícil

vencerlos acá", declaró el atacante del Manchester City, Sergio Agüero, después de su visita con Argentina. "Hemos sufrido bastante".

Obtener tan solo tres puntos fuera de casa haría pensar que los ecuatorianos no se desenvuelven bien fuera de casa, pero uno de dichos empates tuvo lugar contra

A SEGUIR

FELIPE CAICEDO

(Felipe Salvador Caicedo Corozo)
NACIDO: 5 de septiembre 1988
CLUB: Lokomotiv Moscú (Rusia)
Este delantero zurdo puede jugar por el centro o el extremo. Felipe Caicedo dejó una grata impresión con el FC Basel para luego ser transferido al Manchester City, Málaga, Levante y Lokomotiv de Moscú. Su apodo "Rocky" deriva de su pasión por el box y posee la misma tenacidad que los personajes de dichas películas.

CHRISTIAN NOBOA

(Christian Fernando Noboa Tello)
NACIDO: 9 de abril 1985
CLUB: Dynamo Moscú (Rusia)
Un mediocampista versátil que puede asumir diversas funciones, Christian Noboa ayudó al Rubin Kazan a conquistar su primer título de la Liga Premier Rusa, antes de ser transferido al Dínamo de Moscú. Resulta especialmente peligroso a balón parado, y posee el don de anotar goles cruciales desde el manchón penal.

FRANCIA

LES BLEUS

Didier Deschamps fue el capitán de Francia cuando ganaron la Copa Mundial de la FIFA por primera vez en su historia en 1998. Ahora, como entrenador, se propone repetir aquel éxito mientras Les Bleus buscan evitar el malestar interno que arruinó su participación previa.

ENTRENADOR

DIDIER DESCHAMPS

Deschamps tiene todo el conocimiento necesario para ganar una Copa Mundial de la FIFA, después de haber tenido una participación muy destacada como jugador en la victoriosa campaña que le dio el título a su país en 1998.

Llevó al Mónaco a una final de la Champions League de la UEFA antes de proclamarse campeón de la Ligue 1 de Francia con el Marsella, es claro que a sus 45 años tiene todas las credenciales para lograr el éxito en Brasil.

Hay pocas dudas de que Deschamps quizás necesite algo de suerte en su camino pero, si es capaz de sacar lo mejor de jugadores como Ribery y Benzema, no hay razón para impedirle emular a Beckenbauer al alzar el trofeo como jugador y como entrenador.

Decir que las actuaciones de Francia en la fase final de la Copa Mundial de la FIFA han sido un sube y baja desde que lograron su primer título en 1998 es quedarse corto. Cuatro años después de que la selección en torno de un inspirado Zinedine Zidane convirtiera los Campos Elíseos en un pandemónium, Les Bleus llegaron a Japón/Korea con la expectativa del mundo sobre sus espaldas, pues habían añadido el título del campeonato europeo de la UEFA a su vitrina de trofeos.

Después de sufrir una traumática derrota ante un desconocido Senegal en el partido inaugural, los bastante engreídos Bleus fueron incapaces de ganar un solo partido de su grupo, sin siquiera anotar un gol en el proceso, y regresaron a casa anticipadamente con la cola entre las patas.

Francia regresó a la Copa Mundial de la FIFA 2006 y, con mucho menos expectativas sobre ellos, los hombres de Raymond Domenech hicieron el recorrido completo hasta la final, solo para perderla en penales después que David Trezegue fallara el tiro decisivo.

Su más reciente aparición en 2010 terminó mal nuevamente, su goleador Anelka fue mandado a casa por un altercado con el entonces técnico Domenech, y su participación se vino abajo, dejándolos en el fondo del Grupo A sin una sola victoria.

La calificación para Brasil no pudo ser más difícil para los hombres de Deschamp al haber sido colocados en el mismo grupo que los actuales

De izquierda a derecha: (Fila superior) Patrice Evra, Raphael Varane, Mamadou Sakho, Hugo Lloris, Paul Pogba; (Fila inferior) Yohan Cabaye, Blaise Matuidi, Mathieu Debuchy, Mathieu Valbuena, Franck Ribery, Karim Benzema.

ESTRELLA

FRANCK RIBERY

NACIDO: 7 de abril 1983
CLUB: Bayern Munich (Alemania)
Contendiente por el prestigioso Balón de oro de la FIFA junto a Cristiano Ronaldo y Lionel Messi, su nominación ofrece una idea de cuan estimado es Franck Ribery en el mundo del fútbol.

Después de ganar la Champions League de la UEFA en 2013 con el Bayern Munich, el medio creativo tendrá ahora la mira puesta en añadir la Copa Mundial de la FIFA a la impresionante lista de logros en su carrera. Despúes de aparecer en una final de la Copa Mundial de la FIFA —la derrota en penales de 2006 contra Italia— Ribery no es un extraño en el mayor de los escenarios futbolísticos, sabe que mucho del éxito de su equipo dependerá de sus buenas actuaciones.

FRANCIA EN LA COPA MUNDIAL FIFA™

Año	Resultado
1930	1a ronda
1934	1a ronda
1938	Cuartos de final
1954	1a ronda
1958	3er lugar
1966	1a ronda
1978	1a ronda
1982	4o lugar
1986	3er lugar
1998	CAMPEONES
2002	1a ronda
2006	Subcampeones
2010	1a ronda

campeones, España, pero a pesar de ese contratiempo, Francia perdió la calificación directa sólo por el solitario gol de Pedro que marcó la diferencia en el gran choque de grupo en el Stade de France.

De frente a una eliminación directa ante una desvalida Ucrania, quien a su vez había perdido la calificación automática detrás de Inglaterra en el Grupo H, los franceses podían haber sido perdonados por pensar que ya tenían un pie en Brasil pero, después de un 2-0 en contra en Kiev donde Laurent Koscielny fue expulsado, los medios de comunicación franceses conectaron al equipo. Perderse la fase final de la Copa Mundial de la FIFA se volvió una perspectiva muy realista pero, cuando más falta hacía, Ribery y compañía desplegaron el estilo nuevamente en París. Un doblete de parte del defensor Sakho y la solitaria anotación de Benzema aseguraron una victoria de 3-0 y el boleto para Brasil. A pesar del bache en el juego de ida, la confanza de Deschamps en su equipo y sus esperanzas sobre lo que podían mostrar en Brasil

fueron realzadas en sus comentarios post-partido en París, mientras contemplaba en el horizonte la 14a participación de Francia en la fase final de la Copa Mundial de la FIFA.

"Es la magia del fútbol: estuvimos muy mal, pero los jugadores respondieron estupendamente", dijo.

"Es importante para el fútbol francés asistir a Brasil. Cuando

cuentas con los ingredientes, se pueden hacer grandes cosas".

Habiendo ya ganado la Copa Mundial Sub-20 de la FIFA en Turquía, es claro ver que un futuro brillante se vislumbra para Francia, con Paul Pogba, el estrella del Marsella Florian Thauvin y el muy cotizado mediocampista defensivo del St. Etienne, Zouma, estos jugadores le dan razones a Francia para albergar optimismo en los años por venir.

2014 podría ser demasiado pronto para la mayoría de esos jugadores, y está aún por verse si los veteranos tienen la fuerza suficiente para hacer todo el recorrido en Brasil y alzar el trofeo por segunda vez en su historia.

A SEGUIR

PAUL POGBA

NACIDO: 15 de marzo 1993
CLUB: Juventus (Italia)
Considerado como sobrante para los requisitos del Manchester United, Paul Pogba se trasladó al Juventus antes de llamar la atención de toda Europa con sus actuaciones en el medio campo. Merecedor de comparaciones con el ganador de la Copa Mundial de la FIFA Patrick Vieira, Pogba tiene todas las cualidades para causar un impacto en Brasil.

KARIM BENZEMA

NACIDO: 19 de diciembre 1987
CLUB: Real Madrid (España)
A pesar de su batalla con los goles decisivos a nivel internacional, Karim Benzema sigue impresionando en el Real Madrid, en donde presume de una impresionante media goleadora de casi un gol cada dos partidos. Si Francia se propone alcanzar las semifinales y más allá, el antiguo jugador del Lyon necesitará afinar la puntería en Brasil.

HONDURAS

LOS CATRACHOS

Una escuadra rejuvenecida con una mezcla de talento joven prometedor y experiencia en participaciones previas en la Copa Mundial de la FIFA ayudó a Honduras a calificar para la fiesta en Brasil. El reto ahora es reproducir aquellas actuaciones para superar la fase de grupos por primera vez.

ENTRENADOR

LUIS FERNANDO SUÁREZ

Honduras no ha progresado más allá de la fase de grupos en la fase final de la Copa Mundial de la FIFA, pero Luis Fernando Suárez si lo ha hecho. A los 54 años estaba a cargo de la selección de Ecuador que alcanzó la fase final en Alemania en 2006, con victorias ante Polonia y Costa Rica que los pusieron en los octavos de final, siendo derrotados por Inglaterra.

Antiguo internacional colombiano, Suárez tomó las riendas de Honduras en 2011 y estuvo a cargo también del equipo que alcanzó los cuartos de final en los Juegos Olímpicos de Londres 2012. Ganó el título colombiano con el Atlético Nacional en 1999.

Honduras regresa a una Copa Mundial de la FIFA por tercera vez, y sus resultados en la fase de calificación sugieren que está lista para sorprender. Aun esperan una victoria en el mayor escenario futbolístico, pues partieron para Sudáfrica hace cuatro años con sólo un punto y sin haber marcado goles en su nombre, pero mucho ha cambiado desde entonces. El reino de Reinaldo Rueda como entrenador terminó después del torneo de 2010, y fue sucedido por Luis Fernando Suárez, quien ha dado oportunidades a la nueva generación de jugadores y hasta ahora ha cosechado los frutos. Suárez estuvo a cargo también de la selección sub-23 en los Juegos Olímpicos de Londres 2012 y su avance hasta los cuartos de final le proporcionaron un mayor ánimo para darle una oportunidad a la juventud. Fue en las Olimpiadas cuando el goleador del Houston Dynamo, Jerry Bengston, asombró al mundo del fútbol, que tomó nota de su talento, haciendo un doblete contra Marruecos para luego apropiarse del único gol con Honduras dejó eliminó a España, favorita para la medalla de oro, en una victoria histórica. Su capacidad goleadora continuó durante la calificación, una campaña que inició con Honduras encabezando la clasificación de su grupo por diferencia de goles en la tercera ronda de las preliminares de la Concacaf. El buen momento se mantuvo en el Hexagonal de la Concacaf, empezando con una impresionante victoria 2-1 a domicilio contra los Estados Unidos, gracias a un postrero gol ganador de Bengston, que disparó los festejos en San Pedro Sula. La clave durante la clasificación era obtener buenos resultados en casa, y Honduras se

Arriba: Alineación de Honduras previo al empate 2-2 ante Jamaica en Kingston, lo cual aseguró su calificación.

ESTRELLA

WILSON PALACIOS

(Wilson Roberto Palacios Suazo)
NACIDO: 29 de julio 1984
CLUB: Stoke City (Inglaterra)
El mediocampista Wilson Palacios es el más reconocible del equipo hondureño, después de haber impresionado el fútbol inglés desde su llegada al Birmingham City en calidad de préstamo en 2007. Conocido por su fuerza física, formidable ritmo de trabajo y dificultad para ser derribado, Palacios demostró que tiene mucho más juego durante la campaña de calificación y su creatividad en el corazón del campo fue un factor clave para que su equipo llegara a Brasil. El punto más alto fue su gol en el empate 2-2 contra Panamá, cuando surgió dentro del área grande, se deshizo de un defensor y venció delicadamente al portero.

seleccionados en un mismo equipo de la fase final de la Copa Mundial de la FIFA. El lateral izquierdo Emilio Izaguirre es otro de los jugadores con amplia experiencia gracias a su estancia en Escocia, donde fue nombrado Jugador del Año de la Liga Escocesa de Fútbol después de la campaña de su debut en el Celtic en 2010-2011. Es vital en la defensa, que es bien dirigida por el portero y capitán Noel Valladares, segundo jugador más laureado en la historia de Honduras. Ha sido el portero titular de la selección nacional por más de una década y ha participado en cuatro fases clasificatorias para la Copa Mundial de la FIFA, con un debut que se remonta al 2000. Valladares impresionó en la última Copa Mundial de la FIFA, al conceder sólo tres goles durante la fase de grupos y ser nombrado jugador del partido después de un empate a cero goles con Suiza. Probablemente necesitará repetir semejantes hazañas si su equipo busca alcanzar la fase de eliminación directa por primera vez pero, como puede testimoniar México, Honduras no debe ser subestimado.

mantuvo invicta en 10 partidos, pero el mejor resultado de la serie –y, con razón, de su historia—llegó en septiembre de 2013 en la Ciudad de México. Con su equipo atrás por 1-0 después del descanso, Suárez metió al campo a un segundo delantero y la jugada le resultó redonda. Dos goles en tres minutos, de Bengston y Carlos Costly, le dieron la vuelta al partido y Honduras resistió para condenar a México a sólo su segunda derrota en casa en 78 partidos de calificación oficiales para la Copa Mundial de la FIFA. Cuatro puntos en los siguientes dos partidos dejaron a Honduras a un paso de obtener su boleto para Brasil y el tercer lugar de calificación automática fue asegurado en el último partido del hexagonal, al conseguir el punto que necesitaban con un 2-2 ante Jamaica en Kingston. El equipo tiene ahora una motivada mezcla de juventud y experiencia y luce más fuerte para brillar en la Copa Mundial de la FIFA que en anteriores ocasiones. Muchos de los veteranos ya han demostrado que pueden actuar en grandes escenarios. Roger Espinoza fue

parte del Wigan Athletic que alzó la FA Cup en Inglaterra el año pasado con una sorprendente victoria sobre el Manchester City en Wembley, mientras que Wilson Palacios disfrutó del fútbol de la UEFA Champions League en el Tottenham Hotspur antes de firmar para el Stoke City en 2011. Palacios también hizo historia en Sudáfrica hace cuatro años cuando él y sus hermanos se convirtieron en el primer trío consanguíneo en ser

A SEGUIR

JERRY BENGTSON

(Jerry Ricardo Bengtson Bodden)
NACIDO: 8 de abril 1987
CLUB: Houston Dynamo (E.E.U.U.)
Los goles de Jerry Bengtson fueron cruciales para que Honduras regresara a la Copa Mundial de la FIFA. Impresionó en la Major League Soccer de EU desde que llegó en julio de 2012 y anotó tres goles en los Juegos Olímpicos de Londres 2012

EMILIO IZAGUIRRE

(Emilio Arturo Izaguirre Girón)
NACIDO: 10 de mayo 1986
CLUB: Celtic (Escocia)
El lateral izquierdo hizo su aparición en la Copa Mundial de la FIFA 2010 y aseguró su pase al gigante escocés Celtic, donde tuvo de una magnífica temporada y fue nombrado Jugador del Año de la Liga Escocesa. Es un sólido defensor y una amenaza al ataque por su carril.

ARGENTINA

LA ALBICELESTE

Con el mejor jugador del mundo como capitán, con la confianza de una impresionante campaña de clasificación, además de jugar en su propio continente, existen varios factores que indican que Argentina podría tener en sus manos por tercera vez la Copa Mundial de la FIFA en Brasil.

Argentina tendrá su onceava participación consecutiva de la Copa Mundial de la FIFA como uno de los favoritos para colarse a la gran fiesta en el país anfitrión, mientras que el múltiple ganador del Balón de Oro de la FIFA, Lionel Messi, tendrá oportunidad de finiquitar el debate sobre quién es el mejor futbolista de todos los tiempos. Maradona, en 1986, fue el último argentino en sostener por lo alto el trofeo de la Copa Mundial de la FIFA. Fue un momento decisivo en la carrera de uno de los más grandes jugadores de la historia, pero la afición, encantada por el fútbol del país sudamericano, busca coronar a un nuevo rey.

Messi, la superestrella del Barcelona, podría suplantar tanto a Maradona como a Pelé en la cima de todos los tiempos, si es que puede inspirar a una generación de oro y poner sus manos sobre el trofeo en Río de Janeiro. Pero a diferencia del triunfo de Maradona en México hace 28 años, en el 2014 el reto de Argentina no será un espectáculo de un solo hombre. La genialidad de Messi será aprovechada junto al triunvirato ofensivo del delantero del Manchester City, Sergio Agüero, del delantero Angel Di Maria del Real Madrid y el centro delantero Gonzalo Higuaín, del Napoli. Si alguno de ellos no estuviese a nivel, el entrenador Sabella puede recurrir al delantero de la Juventus Carlos Tévez, o al delantero Ezequiel Lavezzi del París Saint-Germain o a su compañero de equipo el mediocampista Javier Pastore. Cualquier combinación tiene el potencial para desmantelar a la mejor defensa del mundo. La Albiceleste superó las eliminatorias sudamericanas reservando su lugar en la Copa Mundial de la FIFA 2014 con dos partidos por disputar. Sabella ha prometido que éste va a ser más un esfuerzo de equipo, aunque orientado a obtener lo mejor de Messi.

ENTRENADOR

ALEJANDRO SABELLA

Es su primera Copa Mundial de la FIFA como entrenador del equipo nacional y aunque no era la opción más popular para reemplazar a Sergio Batista en agosto de 2011, éste ya se ha ganado a muchos de sus críticos. Estuvo en el cuerpo técnico de Argentina en la Copa Mundial de la FIFA 1998, ha entrenado a Uruguay y saltó a la fama como entrenador cuando estuvo al frente de Estudiantes cuando los llevó a ganar la Copa Libertadores en 2009. Meticuloso planificador y carismático administrador de talentos, Sabella tiene aglutinada una generación dorada de grandes jugadores en un equipo bien organizado.

De izquierda a derecha: (Fila superior) José Basanta, Sergio Romero, Fabricio Coloccini, Hugo Campagnaro, Fernando Gago; (fila inferior) Lionel Messi, Angel Di Maria, Sergio Agüero, Pablo Zabaleta, Lucas Biglia, Rodrigo Palacio.

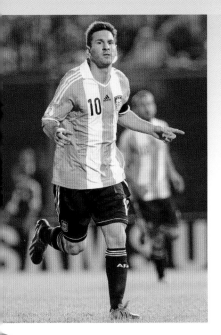

ESTRELLA

LIONEL MESSI

NACIDO: 24 de junio 1987
CLUB: Barcelona (España)

Lionel Messi es, sin duda, el mejor jugador de su generación y ha llevado el juego a un nuevo nivel brillante durante una década para su club, el Barcelona. Su habilidad para correr con el balón y cambiar de dirección a máxima velocidad lo convierte en una pesadilla para los defensores mientras continúa rompiendo récords con sus impresionantes hazañas. Muchos comentaristas lo aclaman como el mejor jugador de todos los tiempos a pesar de que no ha ganado, hasta ahora, la Copa Mundial de la FIFA.

ARGENTINA EN LA COPA MUNDIAL FIFA™

1930	Subcampeones
1934	1a ronda
1958	1a ronda
1962	1a ronda
1966	Cuartos de final
1974	2a ronda
1978	CAMPEONES
1982	2a ronda
1986	CAMPEONES
1990	Subcampeones
1994	Ronda de 16
1998	Cuartos de final
2002	1a ronda
2006	Cuartos de final
2010	Cuartos de final

Durante la Copa Mundial de la FIFA 2006 en Alemania, un Messi adolescente jugó un papel secundario bajo la órdenes del entonces entrenador José Pekerman, quien lo dejó en el banquillo cuando Argentina fue eliminada en la tanda de penales por el país anfitrión en cuartos de final. Cuatro años después, en Sudáfrica, el tesoro nacional Maradona había regresado como entrenador, pero su obsesión por Messi y su enfoque entusiasta fueron expuestos en los cuartos de final, de nuevo por Alemania, cuyo equipo bien equilibrado triunfó 4-0. En esta ocasión, Sabella, quien sustituyó a Sergio Batista tras la decepcionante eliminación en cuartos de final de Argentina en la Copa América en agosto de 2011, aún tiene a Messi como centro de atención; lo nombró capitán del equipo, pero existe una diferencia fundamental: Messi es sólo una parte del equipo. Sabella ha puesto énfasis en lo colectivo más que en cualquier individuo y, como consecuencia, el espíritu, la cohesión y el equipo florecieron durante la impresionante campaña de clasificación.

Durante mucho tiempo, Argentina ha fallado tanto táctica como defensivamente. "Ningún equipo", razonó Sabella, "puede llegar a triunfar en Brasil sin una base sólida." "La reforma de la defensa ha tomado un poco más de tiempo, eso es verdad", dijo. "Tenemos que permanecer con los píes en la tierra, pero cuando tienes atacantes de la calidad de Messi, Higuaín y Agüero, no creo que la gente deba de estar ofendida porque alguien diga que la línea defensiva está demostrando ser un poco más que un dolor de cabeza".

Los espigados defensas centrales Ezequiel Garay y Federico Fernández han proporcionado la combinación perfecta emergente y ya son conocidos como las torres gemelas de Sabella. Junto con los laterales Pablo Zabaleta y Marcos Rojo, ofrecen al portero Sergio Romero mejor protección detrás de un mediocampo laborioso que incluye jugadores de la talla de Fernando Gago, Javier Mascherano y Ever Banega.

Messi en ocasiones ha tenido problemas para mostrarse como el astro que luce en el Barcelona al representar a la Argentina, pero bajo Sabella ya no tendrá toda la responsabilidad; Messi le ha anotado a guardametas de talla mundial y todo está listo para que el pequeño hechicero pueda terminar finalmente con esta discusión.

A SEGUIR

EZEQUIEL GARAY

NACIDO: 10 de octubre 1986
CLUB: Benfica (Portugal)

Mucho se ha hablado del ataque de Argentina, pero Ezequiel Garay ha jugado un papel clave en la transformación de verdaderos contendientes de la Copa Mundial de la FIFA. El jugador del Benfica tiene una presencia imponente y ha madurado hasta convertirse en un central dotado técnicamente.

EZEQUIEL LAVEZZI

NACIDO: 3 de mayo 1985
CLUB: París Saint-Germain (Francia)

Tiene todos los atributos para aterrorizar a los defensores, con mucho ritmo, fuerza, pies rápidos y un mira certera. Fue bautizado por los medios de comunicación italianos como el "nuevo Maradona". Poco después de fichar con el Napoli en 2007, el París Saint-Germain pagó € 30m por él en junio de 2013.

GRUPO F

BOSNIA

LOS DRAGONES

Los festejos en Sarajevo duraron días cuando Bosnia calificó para la edición 2014 de la Copa Mundial de la FIFA con una victoria sobre Lituania en Octubre. Safet Susic había guiado al país a su primer gran torneo desde la independencia de Yugoslavia, y ahora se propone hacer aún más historia.

ENTRENADOR

SAFET SUSIC

Safet Susic ya alcanzó el estatus de legendario en su país por haber guiado a Bosnia a su primer gran torneo, pero el antiguo medio campista del París Saint-Germain tiene más ambiciones. Reemplazó a Miroslav Blazevic en 2009 y superó un pobre inicio para asegurar un juego de recalificación para la UEFA Euro 2012 contra Portugal, en el que Bosnia perdió 6-2 en una eliminación a ida y vuelta.

Fue justo esa decepción la que inspiró a Susic y su amada nación para alcanzar logros más grandes. Su extravagante sistema ayudó a Bosnia a superar a su principal rival en el grupo G, Grecia y, a pesar de tambalearse con una derrota en casa ante Eslovaquia, logró guiar exitosamente a "Los Dragones" hacia Brasil con victorias que hicieron recuperar la confianza.

Cuando se escuchó el pitido final del árbitro en la victoria de Bosnia sobre Lituania en Kaunas, la misión de una nación joven por alcanzar un gran torneo internacional llegaba a su fin después de 20 años de lucha. El antiguo estado yugoslavo había superado a las potencias europeas Grecia y la reciente participante Eslovaquia, para alcanzar la fase final de Brasil, con una buena dosis de estilo. Marcaron 30 goles, por seis recibidos, con un juego dinámico y despiadado que desconcertaba a sus rivales, marcando al menos tres goles en 6 de los 10 partidos de la calificación y alcanzando el lugar 13o en la Clasificación Mundial FIFA/Coca-Cola, el nivel más alto alcanzado históricamente por ellos. Entre agosto de 2012 y agosto 2013,

el entrenador Safet Susic —una estrella del equipo yugoslavo de los 80's— supervisó una serie de nueve juegos invictos en el escenario internacional. Ninguna campaña está exenta de obstáculos, y Bosnia necesitó de un último empujón para doblegar a Grecia, ganar el Grupo y reservar sus boletos para Brasil, remitiendo a los campeones de Europa del 2004 al repechaje. Tirana fue la sede para la primera cita de Bosnia como país reconocido oficialmente por la FIFA, pero salieron de Albania derrotados en noviembre de 1995. El reconocimiento completo de la FIFA llegó un año después y la ex-nación yugoslava comenzó a crecer sostenidamente en confianza y estatura futbolística. No fue sino hasta la fase de calificación para

De izquierda a derecha: (Fila superior) Sejad Salihovic, Elvir Rahimic, Vedad Ibisevic, Ervin Zukanovic, Edin Dzeko, Asmir Begovic; (fila inferior) Haris Medunjanin, Miralem Pjanic, Mensur Mujdza, Senad Lulic, Emir Spahic.

ESTRELLA

EDIN DZEKO

NACIDO: 17 de marzo 1986
CLUB: Manchester City (Inglaterra)
Edin Dzeko probablemente haya luchado por la titularidad continua en el Manchester City, pero no hay duda de que el imponente delantero es la estrella de Bosnia.

Desde el momento en que atrapó la ilusión de su país con una volea sublime en su debut con la selección mayor contra Turquía, el hombre apodado "el diamante bosnio" ha sacudido con goles para su país de manera consistente. Marcó nueve durante la etapa de calificación para la Copa Mundial de la FIFA e hizo uno más durante la campaña histórica de calificación para 2014, terminando segundo sólo detrás de Robin van Persie en la lista de goleadores de Europa.

Su triplete contra Liechtenstein lo convirtió en el mejor anotador de todos los tiempos para Bosnia, al rebasar a la marca de 22 goles de Elvir Bolic.

BOSNIA EN LA COPA MUNDIAL FIFA™

La Copa Mundial de la FIFA 2014 será la primera aparición de Bosnia en la fase final desde su independencia de Yugoslavia.

el orden mundial establecido con juego de ataque incisivo. "Seremos una de las naciones más pequeñas", dijo. "Iremos a disfrutar la experiencia y trataremos de causar un par de contratiempos". "No queremos ponernos a hacer cuentas. Queremos competir y ver si podemos lograr algo y darle más alegría a nuestro pueblo y nuestra nación". Independientemente de lo lejos que llegue Bosnia en Brasil, cualquier experiencia positiva en un torneo de verano alimentará el espíritu de una nación balcánica que todavía está luchando para recuperarse de los conflictos regionales de los 90's. Begovic agregó: "Es la mejor cosa que haya jamás pasado a la nación. Es fantástico que algo bueno pase en Bosnia. Después de los malos tiempos del pasado —y de algunas cosas que todavía están ocurriendo hoy— es realmente agradable darles un poco de alegría y algo para apreciar y festejar".

la UEFA Euro 2004 que Bosnia realmente empezó a hacer sentir su presencia en el continente, pero una serie de fallos en goles prácticamente hechos los harían esperar hasta octubre de 2009 para disputar un juego de ronda final por primera vez. Portugal negó a "Los Dragones" un lugar en la eliminatoria a la Copa Mundial de la FIFA 2010, y demostró ser demasiado fuerte para el estilo de Susic en la eliminatoria previa a la UEFA Euro 2012, con un triunfo de 6-2 en dos juegos de ida y vuelta. La aparición del medio creativo Miralem Pjanic y un mayor rendimiento goleador de Edin Dzeko, que anotó 10 veces en la calificación para Brasil, fueron claves para que Bosnia terminara en la cima del grupo G por diferencia de goles. Una ruda defensa comandada por el veterano capitán Emir Spahic y salvaguardada por el portero

Asmir Begovic serán vitales para resistir a los mejores goleadores del Mundial. Mientras Begovic sabe que será una tarea difícil mantener su portería imbatible en Brasil, él insiste en que sus compañeros deben enfocarse en subvertir

A SEGUIR

MIRALEM PJANIC

NACIDO: 2 de abril 1990
CLUB: Roma (Italia)
El velocísimo mediocampista Miralem Pjanic se proclamó a sí mismo como uno de los talentos más prometedores de Europa en el Lyon, pero ha sido la Roma que realmente destacó. Tan contundente dentro y en los alrededores del área como lo es en jugadas a balón parado, Pjanic provee la chispa creativa y la navaja cortante por igual.

ASMIR BEGOVIC

NACIDO: 20 de junio 1987
CLUB: Stoke City (Inglaterra)
Segundo de los dos bosnios que juegan actualmente en la Liga Premier inglesa —junto con Edin Dzeko—, Asmir Begovic disfruta de una reputación creciente como uno de los porteros con mayor poder de recuperación en Europa. El guardameta del Stoke mantuvo en blanco su puerta durante cuatro partidos clasificatorios.

IRÁN

EL EQUIPO MELLI

Irán se encamina a las finales de la Copa Mundial de la FIFA por cuarta vez en su historia, liderado por el experimentado director técnico portugués Carlos Queiroz, el equipo Melli consiguió una impresionante campaña clasificatoria y busca consagrarse como una de las mejores escuadras del futbol asiático.

ENTRENADOR

CARLOS QUEIROZ

Puede que el equipo de Irán carezca de experiencia en Mundiales, pero no se puede decir lo mismo de su técnico Carlos Queiroz. Condujo a su país natal, Portugal, dos veces, incluyendo la Copa Mundial de la FIFA 2010 en Sudáfrica, y ayudando a este último país a clasificar para las finales de 2002, Queiroz no es ajeno a las presiones que le esperan a su equipo en Brasil. A nivel de clubes, Queiroz ha dirigido a algunos de los más grandes jugadores del mundo –Zidane, Figo y Ronaldo– en la época que fue técnico del Real Madrid y como asistente de Sir Alex Ferguson en el Manchester United. Asumió la dirección técnica de Irán en 2011, tiene contrato por dos años y medio, hasta la finalización de la Copa Mundial de la FIFA 2014.

Fulgurantes celebraciones tuvieron lugar en las calles de Teherán cuando Irán clasificó para la Copa Mundial de la FIFA 2014, y tales escenas se podrían repetir si el equipo logra pasar la primera ronda por vez primera. Esta es la cuarta vez que Irán clasifica a una Copa Mundial de la FIFA y el desafío para el entrenador Carlos Queiroz y el equipo Melli es ascender un escalón más que sus antecesores. El modo en el que amarraron su boleto a Brasil, encabezando el Grupo A en la clasificación asiática, ciertamente representa un buen augurio, pues Irán ganó 5 de los 8 partidos disputados y solamente permitió 2 goles en su valla. Una defensa bien organizada ofreció la plataforma, y la presentación de Reza Ghoochannejhad constituyó un movimiento inspirado por parte de Queiroz, pues la inclusión del letal delantero y goleador del Standard Liege resultó decisiva. Dos victorias por un gol contra la gran favorita Corea del Sur resaltaron la habilidad de Irán. Ellos fueron alentados por casi 100 000 fanáticos para llegar al éxito como locales en Teherán, antes de que el gol ganador de Ghoochannejhad sellara una gran victoria en la final del grupo en Ulsan (Corea del Sur) y les asegurara la clasificación como ganadores de su

Arriba: Los jugadores de Irán festejan su segunda victoria sobre Corea del Sur asegurando la clasificación.

ESTRELLA

REZA GHOOCHANNEJHAD

(Reza Ghoochannejhad Nournia)
NACIDO: 20 de septiembre 1987
CLUB: Standard Liege (Bélgica)

La clasificación de Irán para Brasil se debe en gran medida a los goles de Reza Ghoochannejhad, o Gucci, como lo conocen los aficionados. Nació en Irán, pero desde nuño se trasladó a Holanda; estaba haciendo carrera en Bélgica cuando fue observado por Queiroz durante un viaje para descubrir talentos llevado a cabo por el técnico nacional.

Ghoochannejhad debutó en la victoria de 1-0 contra Corea del Sur en octubre de 2012, pero saltó a la fama más tarde en la campaña clasificatoria con 3 goles fundamentales en la misma cantidad de encuentros, incluyendo las victorias contra Qatar y Corea del Sur para asegurar la clasificación de Irán.

grupo. Los aficionados, de regreso a su país, tomaron las calles, por segunda vez en cuatro días, justamente 4 días antes de la victoria presidencial de Hassan Rowhani, agregando un sentimiento de algarabía en el país. El nuevo presidente inclusive se unió a las celebraciones, enviando un mensaje por Twitter, el cual decía: "felicitaciones a mi querido pueblo en ocasión de nuestra clasificación para la Copa Mundial de la FIFA en Brasil. ¡Me siento muy orgulloso de nuestra selección nacional!" Alrededor de 40 mil aficionados recibieron entonces al equipo en el aeropuerto a su llegada a Teherán, y un sentimiento de orgullo nacional inundó el país. Irán apareció por primera vez en una Copa Mundial de la FIFA en 1978, cuando finalizaron su campaña con un honroso empate contra Escocia, luego de dos derrotas contra Holanda y Perú. Pasaron 20 años para que regresaran a la competencia, pero la espera valió la pena, ya que Irán obtuvo un histórico triunfo por 2-1 contra EUA. Dos derrotas y un empate con Angola siguieron en la Copa

Mundial de la FIFA 2006 en Alemania y ahora, esperan llevar su fútbol a un nuevo nivel. La designación del ex director técnico del Real Madrid y Portugal, Carlos Queiroz, fue una hábil jugada y el éxito de Irán lo vio entrar en los libros de historia como el primer técnico portugués en haber asegurado clasificación consecutiva a una Copa Mundial de la FIFA, luego de llevar

a su país natal, Portugal, a la Copa Mundial de la FIFA 2010 en Sudáfrica. La disciplina y el espíritu de grupo fueron factores importantes para la clasificación de Irán, y seguramente continuarán en Brasil, con Queiroz apuntando ahora a posicionar a Irán como uno de los tres baluartes del fútbol asiático, junto con Japón y Corea del Sur. Utilizar las expectativas de la Copa Mundial de la FIFA para crear un legado futbolístico en el país es también uno de los objetivos declarados por Queiroz, quien espera una mejora en los estándares de competencia, los entrenamientos y las instalaciones de Irán luego del torneo, cuando los tamboriles de la samba brasileña se conviertan en un recuerdo que se irá desvaneciendo.

A SEGUIR

JAVAD NEKONAM

NACIDO: 7 de septiembre 1980
CLUB: Esteghlal (Irán)

El capitán de Irán es un sobreviviente del equipo que compitió en la Copa Mundial de la FIFA 2006 de Alemania y, sus más de 130 gorras (premio en los deportes) a su nombre, le otorgan la riqueza de su experiencia al equipo. Pasó gran parte de su carrera con el Osasuna de España antes de regresar a su tierra natal en 2012.

ASHKAN DEJAGAH

(Seyed Ashkan Dejagah)
NACIDO: 5 de julio 1986
CLUB: Fulham (Inglaterra)

El talentoso mediocampista Ashkan Dejagah compitió por Alemania desde los niveles sub-17 hasta sub-21, pero luego fue elegido para jugar por Irán y anotó 2 goles en su debut contra Qatar en 2012. Luego de jugar 3 años en el Hertha de Berlín, fue transferido al Wolfsburgo, antes de incorporarse al Fulham en 2012.

GRUPO F

NIGERIA

LAS SÚPER ÁGUILAS

"Las Súper Águilas" de Nigeria viajan a Sudamérica con altas expectativas pues buscan superar el logro de su tercer título en la Copa Africana de Naciones a inicios del 2013, esta vez quieren ir más lejos de lo realizado hasta ahora, en lo que será su quinta participación en la Copa Mundial de la FIFA.

ENTRENADOR

STEPHEN KESHI

Tras convertirse en el primer nigeriano en llevar a "Las Súper Águilas" al título en la Copa Africana de Naciones 2013, Stephen Keshi buscará hacer más historia al asistir a su primera Copa Mundial de la FIFA como entrenador.

Keshi saltó a la fama cuando condujo a Togo a la calificación para la fase final de la Copa Mundial de la FIFA 2006 pero, después de una decepcionante actuación en la Copa Africana de Naciones, a Keshi se le negó la oportunidad de dirigir en el Mundial, cuando fue reemplazado por Otto Pfister en Febrero de 2006.

Keshi fue el capitán de Nigeria en la competencia de 1994 y espera que su experiencia en la Copa Mundial de la FIFA pueda ayudar a su equipo a alcanzar nuevas alturas en Brasil.

Después de concluida la espera para levantar el trofeo de la Copa Africana de Naciones en 2013, Nigeria está confiada y preparada para mostrar al mundo de lo que es capaz en el mayor de los escenarios. "Las Súper Águilas" han luchado en torneos recientes de la Copa Mundial de la FIFA, pero con el antiguo capitán Stephen Keshi al timón, los campeones africanos representan una propuesta enteramente diferente en esta ocasión. Desde que fue contratado en 2011, Keshi se ha ganado extendidos elogios por su política de elegir talento hecho en casa, antes de convocar un escuadrón de jugadores que ejercen sus oficios en las ligas importantes de Europa. Muchos aficionados se sorprendieron cuando Sunday

Mba, centrocampista del Enugu Rangers fue nombrado en la Copa Africana de Naciones jugador figura por delante de jugadores mejor conocidos, como Lukman Haruna del Dinamo de Kiev. Mba anotó el único gol de la Final, para que Nigeria venciera a Burkina Faso. La estrategia de Keshi impone un nuevo vigor al equipo nacional y ha creado un verdadero alboroto entre los aficionados al fútbol en Nigeria, al grado tal que las principales figuras en el país creen realmente que su equipo cuenta con lo necesario para ganar el más deseado de los trofeos del fútbol mundial. Después de ver al equipo de Keshi ganar 4-1 en marcador global a Etiopía en su partido de calificación por eliminación directa, el presidente

De izquierda a derecha: (Fila superior) John Obi Mikel, Kenneth Omeruo, Brown Ideye, Emmanuel Emenike, Godfrey Oboabona, Efe Ambrose; (fila inferior) Victor Moses, Elderson Echieille, Vincent Enyeama, Ogenyi Onazi, Ahmed Musa.

ESTRELLA

JOHN OBI MIKEL

(John Michael Nchekwube Obinna)

NACIDO: 22 de abril 1987
CLUB: Chelsea (Inglaterra)

Podrá no ser un prolífico goleador, pero lo que proporciona al Chelsea con su juego lo hacen uno de los valores nigerianos más preciados. Es un duro mediocampista, difícil de superar, versátil y que nunca se rinde cuando se le reta. Proporciona una cobertura vital para los cuatro defensores a su espalda y tiene un talento sobresaliente para transformar la defensa en ataque. Mikel nunca ha participado en la Copa Mundial de la FIFA. En la más reciente edición debido a una lesión; aún así, no está exento de experiencia internacional. Ha jugado más de 50 partidos para su selección desde su debut en 2005 y fue un jugador clave para "Las Súper Águilas" durante la campaña que los llevó al título de la Copa Africana de Naciones en 2013.

de Nigeria Goodluck Jonathan presentó su visión afirmando que "Las Súper Águilas" son incluso capaces de ganar la Copa Mundial de la FIFA. Declaró a fifa.com: "Con la enorme reserva de talento futbolístico disponible en el país, "Las Súper Águilas" pueden, con más trabajo duro, aplicación, resistencia y un mayor perfeccionamiento de sus habilidades y tácticas, hacer realidad el sueño de convertirse en la primera nación africana en ganar la Copa Mundial de la FIFA". Podría argumentarse que la declaración del presidente de ganar la competencia no hace más que aumentar la presión sobre los jugadores, pero muchos de ellos han recibido bien esos comentarios. De hecho, algunos de los más veteranos están de acuerdo con él. El portero y capitán Vincent Enyeama también piensa que su equipo puede hacer el recorrido completo en Brasil. "¿Lograremos impresionar en la Copa Mundial?

No, podemos ganarla, de hecho," insistió. "No me sorprendería si Nigeria algún día gana la Copa Mundial, podría ser conmigo. Es sólo una cuestión de tiempo y oportunidad. Todo es posible. Nada es imposible". Nigeria tiene en verdad una buena oportunidad de llegar a los cuartos de final por

primera vez. Tienen un equipo joven y ambicioso, pero algo que les falta a la mayoría de los jugadores es la experiencia de la Copa Mundial de la FIFA. Un hombre en sus filas que sí la tiene es justamente Keshi. En 1994, Nigeria viajó a los Estados Unidos para tomar parte en su primera fase final de la Copa Mundial de la FIFA. Como sucede ahora con el equipo nacional, la mayoría de los jugadores eran jóvenes y sin experiencia, pero "Las Súper Águilas" fueron afortunadas en contar con un veterano e inteligente jugador para comandar a Daniel Amokachi, Víctor Ikpeba, Sunday Oliseh y compañeros, los cuales tenían 21 años o menos. Ese jugador era Stephen Keshi. Nigeria sorprendió al mundo del fútbol en 1994, ganando su grupo superando a Argentina, Bulgaria y Grecia. Pudieron avanzar a la segunda ronda, pero perdieron contra la subcampeona Italia en tiempos extras. "Las Súper Águilas" dieron una excelente demostración de talento.

A SEGUIR

VICTOR MOSES

NACIDO: 12 de diciembre 1990
CLUB: Chelsea (Inglaterra)

Delantero del Chelsea, Victor Moses es poderoso con un ritmo increíble y un ojo letal para el gol. El tirador nacido en Lagos, que ganó el premio al Mejor Jugador Nigeriano del Año en 2013, buscará causar un gran impacto en su primera aparición en una fase final de la Copa Mundial de la FIFA.

EFE AMBROSE

(Efetobore Ambrose Emuobo)

NACIDO: 18 de octubre 1988
CLUB: Celtic (Escocia)

Es un defensa central muy bueno em el juego por alto e igualmente con la pelota en los pies. Juega en cualquier zona de la defensa de cuatro, pero es también hábil frente al gol y posee una verdadera amenaza en el otro extremo del campo.

ALEMANIA

FIFA WORLD CUP
Brasil

EL EQUIPO NACIONAL

Alemania se dirige a Brasil para poner fin a una terna de percances en la fase final de la Copa del Mundo. Con un jefe astuto que supervisa a un equipo de estrellas, los alemanes parecen tener los requisitos para poner fin a 24 años de dolor, tras ganar el torneo en 1990.

ENTRENADOR

JOACHIM LOW

Desde que Jürgen Klinsmann sucedió a Rudi Voeller en 2004 se instaló como asistente al otrora mediocampista Joachim Löw, la opinión de éste ha tenido gran peso en el cambio de filosofía de los tricampeones de la Copa Mundial de la FIFA.

La pareja dio a los alemanes un aspecto más ofensivo, mostrando los destellos de su potencial frente a sus propios aficionados en 2006 y, después que Klinsmann optó por no renovar su contrato, Low fue ascendido. Él incorporó a jugadores más jóvenes que han correspondido a su confianza con actuaciones impresionantes, sobre todo en circuitos de Inglaterra, Argentina y Sudáfrica hace cuatro años.

Aunque considerada entre las naciones futbolísticas más temidas del mundo, un cuarto éxito ha eludido a Alemania en la Copa Mundial de la FIFA.

Ha quedado agónicamente cerca durante los 12 últimos años: como subcampeón ante Brasil en Corea/Japón, 2002; para sufrir después en semifinales: en 2006, en casa, a manos de Italia, y cuatro años más tarde, frente a España, en Sudáfrica.

Sin embargo, dirigido por Joachim Low, el "Equipo Nacional" es uno de los favoritos para triunfar en Sudamérica tras mostrar nuevamente su clase durante una campaña invicta de clasificación.

Ha ampliado el notable récord de sólo dos derrotas en las eliminatorias de la Copa FIFA: ante Portugal en 1985 y, seis años después, Inglaterra. Esta vez obtuvo nueve victorias y un empate en el Grupo C.

Una de las principales razones para las actuaciones impresionantes de Alemania en los últimos años ha sido la influencia de Low. El ex entrenador del Stuttgart seleccionó al portero Manuel Neuer, al medio Sami Khedira y al armador Mesut Özil, hoy convertidos en destacados jugadores en sus clubes y en el país.

Junto con la experiencia del goleador Miroslav Klose, el medio Bastian Schweinsteiger, el versátil capitán Philipp Lahm y jugadores emergentes como los delanteros Mario Goetze y Marco Reus, Alemania tiene capacidad para ganar la Copa Mundial 2014.

No es fortuito que algunos del equipo de Low han sobresalido en sus clubes durante los últimos años, en las competencias

Arriba: La alineación alemana antes de su partido de clasificación contra República de Irlanda.

ESTRELLA

BASTIAN SCHWEINSTEIGER

NACIDO: 1 de agosto 1984
CLUB: Bayern Munich (Alemania)

Bastian Schweinsteiger ha estado en escena por varios años y continúa liderando en el campo con el ejemplo para el club y el país.

Tras iniciar su carrera como extremo, se ha adaptado a una posición central y hace que el juego parezca fácil con sus pases, excelente visión, gran colocación, control preciso del balón y capacidad de defender.

Cuando Alemania necesita inspiración, Schweinsteiger se yergue e impone la amenaza constante de su conducción.

ALEMANIA EN LA COPA MUNDIAL FIFA™

Año	Resultado
1934	3er lugar
1938	1a ronda
1954	CAMPEONES
1958	4o lugar
1962	Cuartos de final
1966	Subcampeones
1970	3er lugar
1974	CAMPEONES
1978	2a ronda
1982	Subcampeones
1986	Subcampeones
1990	CAMPEONES
1994	Cuartos de final
1998	Cuartos de final
2002	Subcampeones
2006	3er lugar
2010	3er lugar

nacionales y europeas, como los rivales Bayern Munich y Borussia Dortmund, de la Bundesliga, que disputaron el campeonato de Europa en 2013.

El veterano Klose ha sido parte integral del éxito, con 14 goles en finales de la Copa Mundial. Irá a Sudamérica en busca de superar el récord de 15 del delantero brasileño Ronaldo, en el que será su último torneo internacional.

Aunque emprende las últimas etapas de su carrera, Klose añade una valiosa experiencia. Thomas Mueller, que hace cuatro años ganó la Bota de Oro Adidas y la presea al Novato del Año, se suma a las opciones de ataque, junto con Max Kruse, Mario Gómez, Stefan Kiessling y Lukas Podolski

¿Hay potencial para que este sea el mejor equipo alemán de todos los tiempos? Low —recompensado con dos años extensión contractual por llevarlo a Brasil— respondió:

"Veo las campañas anteriores, en especial la Eurocopa 2012. El equipo es más sólido, estable y compacto en la defensa. Usé esa campaña para hacer más estable al equipo. Depende también de los rivales, que tendrán un papel importante para que los juegos

sean atractivos, agradables de ver para los espectadores. Por supuesto, hay algunas cosas que resolver. En la defensa hay espacio para mejorar pero los partidos contra Austria e Irlanda llegaron muy cerca de la perfección."

Alemania fue el mayor anotador en la clasificación pero su defensa sufrió como resultado de la visión de ataque y debe mejorar si quiere llegar hasta el final. El único empate en la clasificación siguió al desperdicio de una ventaja de cuatro goles: en los últimos 30 minutos, Suecia rescató un 4-4, además que pasó tres veces a la

defensa alemana al contragolpe. Y hubo goles que se colaron en juegos amistosos contra equipos sudamericanos. Low dijo: "4-4 después de estar 4-0 no te hará el consentido de los medios ese fin de semana. Tras conceder cuatro al hilo, recibimos fuego antiaéreo".

Desde agosto de 2012, los alemanes perdieron dos veces frente a Ecuador, tres frente a Paraguay y Argentina y aceptaron cuatro goles al caer ante Estados Unidos, lo que significa que aún se necesitan mejoras si han de ser campeones del mundo por primera vez desde 1990.

A SEGUIR

MESUT OZIL

NACIDO: 15 de octubre 1988
CLUB: Arsenal (Inglaterra)

En Mesut Ozil, Alemania tiene a uno de los mejores armadores del mundo. Al flotar entre el medio campo y el ataque, la visión del jugador del Arsenal para recoger un pase deja defensas expuestas y pone oportunidades en bandeja para goleadores como Klose y Müeller.

PHILIPP LAHM

NACIDO: 11 de noviembre 1983
CLUB: Bayern Munich (Alemania)

Influyente en varias posiciones, la consistencia de Lahm es insuperable. Sea como lateral o al centro del campo, donde ha estado operando bajo Pep Guardiola en el Bayern Munich, la energía y la capacidad de mantener la posesión hacen de él un hombre clave.

GRUPO G

PORTUGAL

FIFA WORLD CUP
Brasil

SELECCIÓN DE LOS ESCUDOS

Portugal sufrió un camino empedrado hacia Brasil pero se embarca con optimismo en su sexta final de la Copa Mundial, gracias a quien en última instancia le hizo llegar: Cristiano Ronaldo, superestrella del Real Madrid.

PAULO BENTO

Paulo Bento sucedió a Carlos Queiroz en 2010 tras cuatro años de gran éxito a cargo del Sporting de Lisboa, y guió a Portugal a las semifinales de la UEFA EURO 2012 en su primer torneo importante.

Reconocido como un rudo centrocampista en sus días como jugador, Bento fue desterrado del futbol internacional durante cinco meses por sacudir al árbitro durante la semifinal de la UEFA EURO 2000, al perder ante Francia. Ganó 35 finales. Jugó por vez última en la Copa Mundial de la FIFA 2002

Tuvo reputación de entrenador cauteloso con el Sporting pero su haber aumenta tras cambiar la suerte de la selección portuguesa.

Cristiano Ronaldo es un fenómeno del futbol. Mientras lleva a cuestas las esperanzas de un país, millones de admiradores del orbe agradecen su impresionante triple anotación al vencer Portugal a Suecia, lo que le aseguró el lugar merecido en el mayor escenario.

Portugal perdió sólo una vez en su grupo de clasificación pero terminó segundo detrás de Rusia y esto los condenó a la repesca.

Ronaldo fue criticado por años al no ser capaz de repetir, a favor de su país, cuando más contaban, las hazañas en el Real Madrid pero el ex as del Manchester United cumplió.

Su gol en el partido de ida, en Lisboa, dio a Portugal una ventaja de 1-0 para defender en Solna, y metió el primero en el de vuelta

para poner arriba a su equipo. Zlatan Ibrahimovic, superestrella sueco, marcó dos goles en cuatro minutos para igualar pero Ronaldo hizo su deber y anotó dos más.

El sello de tres goles del jugador de 29 años —el único que ha anotado dos en la campaña de clasificación para la Copa Mundial— opacó a Ibrahimovic e igualó la marca universal de Pauleto de 47 tantos.

También dio pie a que grandes jugadores del mundo declarasen que Ronaldo había finalmente rubricado su lugar como el mejor del planeta. Eclipsado por Messi, cuatro veces ganador del Balón de Oro, Ronaldo recibió por fin merecido reconocimiento, en palabras de Ancelotti, entrenador del Real Madrid: "Anota con

De izquierda a derecha: (Fila superior) Nani, Hugo Almeida, Bruno Alves, Cristiano Ronaldo, Pepe, Rui Patricio; (fila inferior) Joao Moutinho, Fabio Coentrao, Joao Pereira, Raul Meireles, Miguel Veloso.

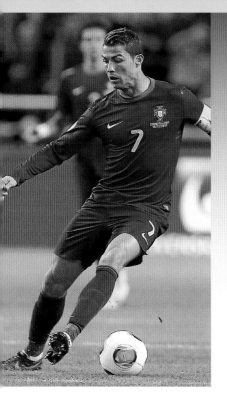

ESTRELLA

CRISTIANO RONALDO
(Cristiano Ronaldo dos Santos Aveiro)
NACIDO: 5 de febrero 1985
CLUB: Real Madrid (España)

De manera espectacular, al anotar los cuatro goles de Portugal en el doble partido de clasificación contra Suecia, Cristiano Ronaldo silenció quienes dicen que rara vez da lo mejor de sí en el ámbito internacional.

Ronaldo y Lionel Messi destacan muy por encima de sus contemporáneos tras llevar el arte de golear a nuevos niveles, y ambos aspiran al puesto del mejor jugador de su generación con sus actuaciones en Brasil. Ronaldo fue el jugador más caro del mundo cuando llegó al Real Madrid procedente del Manchester United en 2009.

PORTUGAL EN LA COPA MUNDIAL FIFA™	
1966	3er lugar
1986	1a ronda
2002	1a ronda
2006	4o logar
2010	Ronda de 16

junto con Fabio Coentrao, su compañero del Real Madrid.

Portugal clasificó por vez primera en 1966, cuando el legendario Eusebio lo llevó a semifinales, donde perdió Inglaterra, futuro campeón. Tiene un historial impresionante en las competencias más recientes.

Su " generación de oro" de Luis Figo, Nuno Gomes, Rui Costa, Fernando Couto y Paulo Sousa llegó a las semifinales de la UEFA EURO 2000. Fue subcampeón cuatro años más tarde y fue eliminado por Francia en las semifinales de la Copa del Mundo en 2006.

España terminó la racha portuguesa de 19 partidos sin perder bajo el ex entrenador Queiroz en la última etapa de la Copa 2010. Ronaldo, rebasado por las expectativas, no pudo disparar y Queiroz fue reemplazado por Bento. Si puede sacar lo mejor de su jugador estrella, Portugal podría ir lejos.

regularidad e increíble facilidad. Difícil hallar nuevas palabras para describirlo. Su talento corresponde a una categoría totalmente diferente."

A distancia, Ronaldo puede ser la atracción portuguesa en Brasil, pero los nombres conocidos no escasean y, tras llevar a su país a las semifinales de la EURO 2012, el entrenador Paulo Bento tiene razones de sobra para confiar en éxito mayor.

Joao Moutinho, medio del Mónaco, fue el jugador destacado de Portugal en la UEFA EURO 2012, donde el equipo de Bento perdió por penaltis, en semifinales, ante España. El manejo del balón por Moutinho está entre los mejores, y él estaba vinculado con un traspaso al Chelsea en 2013, antes de migrar del Porto a la Riviera francesa.

El medio Raúl Meireles —ganó la UEFA Champions League con el Chelsea— tiene más de 70 finales con Portugal y su energía está integrada a los planes de Bento.

Nani, extremo del Manchester United, también ha probado ser artista de clase mundial y complemento ideal para Ronaldo, que tiene licencia para cambiar de flanco.

Portugal dejó ir demasiados objetivos en la calificación —uno en Luxemburgo y tres en Israel— y le costó un pase automático a Brasil, pero Pepe es capaz de integrar a los mejores goleadores,

A SEGUIR

WILLIAM CARVALHO
(William Silva de Carvalho)
NACIDO: 7 de abril 1992
CLUB: Sporting Lisbon (Portugal)

El joven centrocampista debutó en el partido de vuelta del juego frente a Suecia, pero se ha sido marcado para formar la base de los futuros equipos de Portugal, lo que demuestra la madurez y la calma más allá de sus años. Parece ser cuestión de tiempo que se mediocampista titular.

LUIS NETO
(Luis Carlos Novo Neto)
NACIDO: 26 de mayo 1988
CLUB: Zenit St Petersburg (Rusia)

Luis Neto es otro talento floreciente, listo para la alineación titular de Paulo Bento. Este defensa central llamó la atención en la Serie A italiana, antes que, a finales de la temporada 2012-13, el Siena lo vendiera al Zenit San Petersburgo, donde ha mantenido su ruta al estrellato.

GHANA

LAS ESTRELLAS NEGRAS

FIFA WORLD CUP Brasil

La línea del éxito es delgada y ningún equipo lo sabe mejor que Ghana. Tan sólo una infame mano y un penalti fallado los separó de llegar a la instancia de semifinales cuatro años atrás. Hoy por hoy, esperan conseguir una Copa Mundial exitosa, en su tercera aparición consecutiva.

ENTRENADOR

KWESI APPIAH

Pasó a la historia al convertirse en el primer director técnico de origen africano en calificar a un equipo a la Copa Mundial de la FIFA, lo cual consiguió tras vencer a Egipto en el partido de eliminación directa con un marcador global de 7–3. Desde 2008, fue asistente de Goran Stevanovic, quien fue cesado en 2012 debido a la eliminación en la Copa Africana de Naciones. A partir de entonces, Kwesi se hizo cargo del equipo. Como futbolista, Appiah fue capitán de Ghana, jugando como lateral. Muchos critican su poca experiencia, pero en 2011 consiguió que la selección sub-21 de su país se coronara en los Juegos Panafricanos.

En las dos Copas Mundiales pasadas, Ghana de pronto se vio convertida en la selección representante de todo el continente africano, y debido a la impresionante forma en que calificaron esta vez, la misma historia puede volver a repetirse. Fue la única selección africana en pasar a la siguiente ronda en 2006 y en 2010, y la forma en que fueron eliminados hace cuatro años en Sudáfrica garantiza que Ghana aún tiene cuentas con el pasado. En aquella ocasión, "las Estrellas Negras" buscaban convertirse en el primer país africano en alcanzar las semifinales cuando el uruguayo Luis Suárez metió la mano en la línea para impedir un gol, lo cual abrió la oportunidad para Ghana con un penal en tiempo de compensación. Desafortunadamente, Asamoah Gyan estrelló el tiro en el travesaño y Uruguay después ganó en la tanda de penales, eliminándolos en circunstancias por demás crueles. A pesar de la desilusión, Ghana tenía mucho de lo que sentirse orgullosa. Además de ellos, en la historia del Mundial sólo otros 2 países africanos han alcanzado estar entre los 8 primeros lugares: Camerún en 1990 y Senegal en 2002. Por si fuera poco, la plantilla actual de Ghana cuenta con jugadores consolidados, listos para probar que la próxima vez lograrán superar ese último partido que los separa del mayor éxito de su historia. Gyan se convirtió en el primer jugador

De izquierda a derecha: (Fila superior) Kwadwo Asamoah, Michael Essien, Rashid Sumaila, Fatawu Dauda, Andre Ayew, Jerry Akaminko; (Fila inferior) Asamoah Gyan, Harrison Afful, Daniel Opare, Majeed Waris, Sulley Muntari.

ESTRELLA

MICHAEL ESSIEN

NACIDO: 3 de diciembre 1982
CLUB: Chelsea (Inglaterra)

El fuerte mediocampista africano Michael Essien sería un gran refuerzo para cualquiera de los mejores clubes del mundo y sin duda alguna lo ha demostrado luego de nueve temporadas con el Chelsea de Inglaterra, equipo que en 2005 lo convirtió en el jugador africano más caro del momento.

Ganó dos títulos con "Los Azules" en la Liga Premier inglesa pero pasó en la banca del Real Madrid toda la temporada 2012-13, antes de que el entrenador portugués José Mourinho se cambiara al Stamford Bridge. Essien debutó con su selección en 2002 y, si bien participó en la Copa Mundial de la FIFA de 2006, se perdió la de 2010 por una lesión en la rodilla.

sumamente difíciles al tener que enfrentarse a Egipto en la última fase de eliminación directa. Egito ha sido campeón de África en siete ocasiones pero la racha goleadora de Ghana aún no había terminado y consiguieron una enfática victoria en su propia cancha de 6-1. En el partido de vuelta, perdieron 2-1 en el Cairo pero ya no importaba pues después de esa goliza, este segundo partido fue de trámite. Es momento de que Ghana vuelva a demostrar que es una potencia mundial y debido a su actuación en los Mundiales de 2006 y 2010 es claro que nadie deberá subestimarlos. En 2006 vencieron a la República Checa y a Estados Unidos, antes de caer contra Brasil en los octavos de final; en 2010, su victoria contra Serbia fue suficiente para calificar a los octavos. Son muchos los espectadores que quisieran ver a este equipo superando a los rivales, como una forma de liberar el dolor que han acumulado desde su eliminación en Sudáfrica.

en fallar 2 penales en Copas Mundiales, sin embargo, hoy tiene una misión y es uno de los responsables de conducir a su selección a su tercer Mundial. "Mi carrera futbolística está en buen nivel" declaró el futbolista para fifa.com. "A nivel internacional, no podría estar más feliz de cómo han sucedido las cosas para Ghana. Estoy disfrutando mi vida y al fútbol." Una vez más, los goles de Gyan serán cruciales para su equipo. Fue el máximo anotador ghanés de las eliminatorias con seis goles y mucho de ello se lo debe a sus compañeros de la media cancha, quienes son sumamente talentosos y tienen basta experiencia. Essien ha probado ser uno de los mejores medios de los últimos tiempos gracias a sus temporadas con el Chelsea y el Real Madrid, mientras que otros de sus compañeros también han formado parte de grandes equipos como es el caso de Sulley Muntari en el AC Milan, Andre Ayew en el Marsella y Kevin-Prince Boateng en el Schalke 04. En las eliminatorias, Ghana enfrentó a un grupo difícil en la fase de segunda ronda de la CAF, a un lado de Zambia, Lesoto y Sudán. Comenzaron con un

resultado de ensueño al vencer 7-0 a Lesoto. Después, una siguiente derrota contra Zambia 1-0 terminó por ser tan sólo un leve tropiezo pues Ghana consiguió una racha de 4 victorias, mediante las cuales le fue fácil calificar a la tercera fase y con 25 goles a su favor, convirtiéndose en el equipo africano más prolífico. En el papel, las cosas parecieron haberse puesto

A SEGUIR

EMMANUEL AGYEMANG BADU

NACIDO: 2 de diciembre 1990
CLUB: Udinese (Italia)

A pesar de tan sólo tener 23 años, para el mediocampista no es nada nuevo representar a su equipo y ya lo ha hecho en más de 40 partidos oficiales desde su debut en 2008. Él marcó el penalti ganador contra Brasil en la Copa Mundial sub-20 de 2009, antes de firmar para el equipo italiano del Udinese.

KEVIN-PRINCE BOATENG

NACIDO: 6 de marzo 1987
CLUB: Schalke 04 (Alemania)

Kevin-Prince Boateng es un jugador muy experimentado en las ligas europeas tras su paso por el Hertha BSC, el Tottenham, el Borussia Dortmund, el Portsmouth y el Schalke. El mediocampista estuvo presente en la Copa Mundial de Sudáfrica 2010 e hizo historia al enfrentar a su medio hermano Jerome, quien juega para Alemania.

FIFA WORLD CUP
Brasil

ESTADOS UNIDOS

LAS BARRAS Y LAS ESTRELLAS

El mejor resultado del EUA en la Copa Mundial de la FIFA fue su avance hasta las semifinales en la primera edición de la competición en 1930, pero el equipo que se dirigirá a Brasil llega con más optimismo que nunca, llevando consigo un pelotón lleno de experiencia internacional.

ENTRENADOR

JÜRGEN KLINSMANN

Jürgen Klinsmann está decidido a incorporarse al grupo de hombres que han jugado, y también dirigido, un equipo ganador de la Copa Mundial de la FIFA. Habiendo perdido la oportunidad cuando dirigió a Alemania durante la Copa Mundial de la FIFA 2006, este entrenador de 46 años busca emular los logros de Mario Zagallo (Brasil) y de Franz Beckenbauer (Alemania Occidental).

A pesar de su difícil comienzo como director técnico de Estados Unidos, Klinsmann ha acallado a sus críticos al guiar al equipo de las barras y las estrellas a victorias sobre equipos como Italia, Alemania y México, y llega a Brasil con una escuadra llena de confianza.

Los EUA han tenido un relativo éxito en la Copa Mundial de la FIFA en los últimos años, alcanzaron los cuartos de final en el año 2002 antes de acabar primeros de grupo, por delante de Inglaterra. En 2010, pero las barras y estrellas buscan superar estos logros cuando desembarquen en las costas brasileñas.

Estrellas como Tim Howard, Jermaine Jones, Landon Donovan, Clint Dempsey, Jozy Altidore y Michael Bradley se han convertido en nombres muy conocidos en el mundo del fútbol después de pasar una parte significativa de su carrera jugando para algunos de los principales clubes de Europa, incluyendo Hotspur Tottenham, Roma, Bayern Munich y Everton. Experiencia al más alto nivel,

se mezclan con la relativa juventud de los recién llegados, como Joe Corona y Mikkel Diskerud. Estos jugadores, sin duda, resultarán fundamentales si los EUA van a pasar de la fase de grupos y más allá en Brasil.

Con Jürgen Klinsmann, tienen un entrenador que experimentó un gran éxito en el mundo del fútbol como jugador, ganó la Copa Mundial de la FIFA, la Copa de la UEFA, la Bundesliga y fue Futbolista Alemán del Año en una brillante carrera.

Si el ex del Inter de Milan y el Bayern Munich logra guiar a su grupo de jugadores al éxito en Brasil, llevándolo al punto más alto, sin duda se le elevará a categoría de leyenda en el fútbol estadounidense. EUA disfrutó

Arriba: Los Estados Unidos se alinean antes de la victoria sobre México en Columbus, Ohio.

ESTRELLA

CLINT DEMPSEY

NACIDO: 9 de marzo 1983
CLUB: Seattle Sounders (E.U.A.)

El ex del Tottenham y Fulham Clint Dempsey, no es ajeno a jugar al más alto nivel, después de haber pasado seis años jugando en la Liga Premier inglesa, convirtiéndose en el mejor anotador estadounidense en costas inglesas.

Regresó a su tierra natal, con el Seattle Sounders, en el verano de 2013 para mejorar aún más su perfil en casa. Su asociación con el delantero Landon Donovan podría resultar clave para el éxito de su país en Brasil.

Dempsey busca agregar a su impresionante palmares anotar en una tercera Copa Mundial de la FIFA, de manera consecutiva, ya que en las dos ocasiones anteriores lo había conseguido.

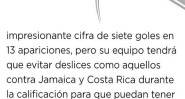

ESTADOS UNIDOS EN LA COPA MUNDIAL FIFA™

1930	Semifinales
1934	1a ronda
1950	1a ronda
1990	1a ronda
1994	Ronda de 16
1998	1a ronda
2002	Cuartos de final
2006	1a ronda
2010	Ronda de 16

indiscutiblemente su más grande éxito futbolístico de los últimos tiempos cuando llegaron a la final de la Copa Confederaciones de la FIFA en 2009, y finalmente, echaron por la borda una ventaja de dos goles para perder 3-2 ante Brasil en Sudáfrica. Fue memorable, también, cuando vencieron al equipo que a la postre sería campeón del mundo, España, en las semifinales gracias a los goles de Altidore y Dempsey en un resultado que obligó al mundo del fútbol a sentarse realmente y tomar nota.

Muchos de los jugadores que han jugado en ese torneo podrían figurar entre los 23 hombres de Klinsmann en Brasil, destacando, de nuevo, el nivel de experiencia que el técnico alemán tendrá a su disposición.

La clasificación para la Copa Mundial de la FIFA 2014 fue un asunto relativamente sencillo para los hombres de rojo, blanco y azul, terminando como líderes en la fase de grupos de la Concacaf en las dos vueltas con 11 victorias en sus 16 partidos. El equipo de Klinsmann selló un lugar en Brasil con dos partidos por disputar después de una victoria

por 2-0 sobre México en el Estadio Crew de Columbus en septiembre de 2013 gracias a los goles de Eddie Johnson y Donovan y al hacerlo, echó por tierra las posibilidades de calificación automática de sus acérrimos rivales.

Dempsey terminó la campaña como máximo goleador con la

impresionante cifra de siete goles en 13 apariciones, pero su equipo tendrá que evitar deslices como aquellos contra Jamaica y Costa Rica durante la calificación para que puedan tener un papel destacado en Brasil.

Dicho esto, el equipo de Klinsmann terminó de manera sólida, perdiendo sólo uno de sus últimos nueve partidos de competición, una decepcionante derrota por 3-1 ante Costa Rica, el jefe alemán se siente alentado por las seis veces que mantuvo en cero su portería durante ese plazo, mientras, prepara a su equipo para una prueba mucho más dura en Brasil.

A SEGUIR

LANDON DONOVAN

NACIDO: 4 de marzo 1982
CLUB: LA Galaxy (EUA)

Landon Donovan no es ajeno a las finales de la Copa Mundial de la FIFA, después de haber aparecido en las últimas tres ediciones.

Con mucha ventaja, es el líder goleador de su país de todos los tiempos con más de 50 goles, el ex Everton y ex Bayern de Múnich tiene la mira puesta en anotar por tercera ocasión en una Copa Mundial de la FIFA después de encontrar la red en Corea-Japón, y luego en Sudáfrica.

TIM HOWARD

NACIDO: 6 de marzo 1979
CLUB: Everton (Inglaterra)

El experimentado portero ha participado en casi cien partidos con su país y ha pasado más de una década jugando al más alto nivel en el fútbol Inglés con el Manchester United y después con el Everton. Nativo de Nueva Jersey, se ha convertido en uno de los porteros más confiables de la Liga Premier. No vió acción en la final de la Copa Mundial de la FIFA 2006, pero jugó todos los minutos en su campaña de 2010.

GRUPO H

BÉLGICA

LOS DIABLOS ROJOS

FIFA WORLD CUP Brasil

Es posible que Bélgica haya sido la selección que más dio de qué hablar en las eliminatorias de 2013 después de que Marc Wilmots condujera a Brasil con un equipo lleno de jugadores por demás talentosos. Tras alcanzar los octavos de final en su última participación en el Mundial de 2002, son uno de los favoritos para superar la primera ronda y hacer cosas importantes.

ENTRENADOR

MARC WILMOTS

Como futbolista, Wilmots marcó el gol que le dio el boleto a Bélgica para la Copa Mundial de la FIFA de 2002 y, hasta el momento, posee el honor de ser el último jugador en marcar un gol en Mundiales, gracias al que le anotó a Rusia. Hoy, tras una breve carrera como político y un corto, y por demás olvidable, periodo como entrenador a nivel de clubes, Wilmots se encuentra al mando de la selección de su país. Asumió el cargo en mayo de 2012, después de fungir como asistente de Dick Advocaat y luego de Georges Leekens, y condujo a su escuadra con suma facilidad durante las eliminatorias. Wilmots aún no ha sido derrotado como entrenador de Bélgica, tras una racha de ocho victorias y dos empates.

Bélgica tuvo una "generación dorada" cuando alcanzaron las semifinales de la Copa Mundial de la FIFA 1986, pero es probable que la generación del 2014 actúe de tal forma que eclipse el éxito alcanzado por aquella generación. Los por entonces héroes nacionales como Jean-Marie Pfaff, Ceulemans y Scifo, pueden verse acompañados muy pronto en el salón de la fama por sus contrapartes actuales como Courtois, Fellaini y Hazard, siempre y cuando jueguen de acuerdo con su indudable potencial. Lidereados por el ex mediocampista Marc Wilmots (futbolista belga con más goles en Mundiales de toda la historia), la mayor parte de su equipo forma parte de equipos con larga tradición en el fútbol europeo. La Liga Premier de Inglaterra es hogar de 12 de los 22 jugadores utilizados por Wilmots en las eliminatorias, siendo el Chelsea y el Tottenham los equipos que más se han visto recompensados con su talento. Quizá De Bruyne no haya alineado regularmente con el Stamford Bridge en la temporada 2013–14, pero fue el jugador belga con más anotaciones en las eliminatorias, marcando 4 goles, los cuales consiguió mientras fue transferido en préstamo al Werder Bremen. Courtois y el poderoso y joven delantero Lukaku también se encuentran en préstamo con el Chelsea, siendo el último una gran promesa tras marcar 17 goles para el West Bromwich Albion en la temporada de 2012–13, incluyendo el triplete que consiguió al enfrentarse al Manchester United. En 2011, Lukaku, pasó del Anderlecht al Chelsea por una cifra de más de 29 millones de dólares, jugó su última temporada en el Everton, equipo con el cual enalteció su reputación al conseguir destacadas actuaciones. Hazard completa la lista de belgas que están en la nómina del Chelsea, mientras que los Spurs se enorgullecen de contar

Arriba: La alineación del equipo de Bélgica antes de su partido de clasificación ante Gales.

ESTRELLA

VINCENT KOMPANY

NACIDO: 10 de abril 1986
CLUB: Manchester City (Inglaterra)

Bélgica sólo concedió 10 goles en sus partidos de eliminatorias y en gran parte esto se debió a Vincent Kompany. El defensa central del Manchester City (quien también juega un papel importante en su club), también sabe convertir goles y marcó dos veces en las eliminatorias. Su entrega nunca está en duda y fue comprobada tras el choque contra el guardameta serbio Vladimir Stojkovic y la larga recuperación que vino después. En aquella ocasión, jugó por más de una hora con la nariz y la cuenca del ojo rotas, así como una leve concusión.

BÉLGICA EN LA COPA MUNDIAL FIFA™	
1930	1a ronda
1934	1a ronda
1938	1a ronda
1954	1a ronda
1970	1a ronda
1982	2a ronda
1986	4o lugar
1990	Ronda de 16
1994	Ronda de 16
1998	1a ronda
2002	Ronda de 16

con otros tres jugadores de dicha nacionalidad: el defensa Vertonghen, el mediocampista Dembele y el extremo Chadli. Guillaume Gillet y Ilombe Mboyo son los únicos futbolistas utilizados en las eliminatorias por Wilmots que juegan en la liga belga. Lukaku, cuyos 2 goles contra Croacia aseguraron el pase de su selección al Mundial, tan sólo tenía 9 años cuando su selección jugó su último torneo internacional, la Copa Mundial de la FIFA 2002 en Corea/Japón. "Estaba en tercero de primaria", dijo. "Recuerdo que, cuando jugábamos contra Brasil, en la escuela nos dieron permiso de ver el partido". En aquel entonces, Bélgica superó la etapa de grupos tras terminar como segundo lugar, después de Japón. Entonces, tuvieron que enfrentar a Brasil en octavos, equipo que finalmente los venció con dos goles en el segundo tiempo de Ronaldo y Rivaldo. En su calificación para el Mundial de 2014, Bélgica consiguió el liderato del grupo A con 25 puntos. El dúo defensivo de Vincent Kompany y Vertonghen puso al equipo de Wilmots en la senda del éxito al marcar los dos goles de su victoria 2-0 contra Gales. Después, tras empatar contra Croacia, la victoria de Bélgica

3-0 contra Serbia puso de manifiesto el talento de la escuadra belga. Christian Benteke marcó el primer gol y De Bruyne duplicó la ventaja en la segunda mitad del segundo tiempo. Después, Kevin Mirallas marcó el tercer tanto con un gran movimiento y puso a Bélgica en el liderato del grupo A, posición que desde entonces sostendrían. Las siguientes victorias contra Escocia, Macedonia (dos veces en partidos sucesivos), Serbia y Escocia, por segunda vez,

precedieron el viaje hacia Zagreb con el cual aseguraron su pase a la Copa Mundial de la FIFA, además de robustecer el registro de desempeño de un jugador como Lukaku. Tras la victoria contra Croacia, el jubiloso Wilmots declaró: "La historia no se ha terminado. Continuaremos trabajando y preparándonos. Ahora me toca a mí y a mis jugadores encontrar nuestra mejor condición posible. Bélgica ha recuperado a sus seguidores y a su espíritu. Si alguien debe estar orgulloso de ello son los jugadores, quienes fueron los que se pararon en la cancha." Al final, Bélgica cerró las eliminatorias con un empate contra Gales, pero para ese momento el equipo ya había dado suficientes muestras de que están hechos para conseguir grandes resultados en la Copa Mundial de la FIFA 2014.

A SEGUIR

CHRISTIAN BENTEKE

(Christian Benteke Liolo)
NACIDO: 3 de diciembre 1990
CLUB: Aston Villa (Inglaterra)

Tras pasar del Genk al Aston Villa en agosto de 2012, el gatillero Benteke se ha convertido en uno de los delanteros más temidos de Europa. Tras marcar 19 goles en su debút en la Liga Premier en 2012–13, demostró que no fue un golpe de suerte y continuó jugando de forma impresionante en la siguiente temporada.

EDEN HAZARD

NACIDO: 7 de enero 1991
CLUB: Chelsea (Inglaterra)

Se incorporó al Chelsea cuando lo adquirió del club francés Lille por una asombrosa cantidad de 52 millones de dólares en junio de 2012. Tras conseguir 13 tantos en su primera temporada, el diminuto jugador se vio nominado al "Balón de Oro". Marcó dos goles en las eliminatorias, entre ellos el gol que marcó la diferencia en el partido contra Macedonia.

FIFA WORLD CUP
Brasil

ARGELIA

LOS ZORROS DEL DESIERTO

A pesar de ser el único país del norte de África calificado, Argelia es una selección poco acostumbrada a lograr grandes resultados en la Copa Mundial de la FIFA, por lo que esta nación orgullosa y fanática del fútbol buscará convertirse una vez más en la pesadilla de las grandes potencias, esta vez en Sudamérica.

ENTRENADOR

VAHID HALILHODZIC

Tras ser llamado 15 veces para jugar con la selección yugoslava en su época de futbolista, Vahid Halilhodzic ha tenido una larga y exitosa carrera como director técnico adaptándose a las circunstancias con diligencia y determinación. Los excelentes resultados conseguidos con el Raja Casablanca y el Lille lo ayudaron a conseguir un puesto en el club París Saint-Germain, así como entrenador de selecciones en el equipo de Costa de Marfil, que mantuvo invicto por los largos años antes de su salida. Con Argelia, ha demostrado su fuerte carácter al dejar de lado a una generación de buenos pero veteranos jugadores para darle cabida a una lista de jugadores con alto espíritu y sentido de la unidad.

Argelia consiguió su pase a Brasil al vencer a Burkina Faso por la regla de goles de visitante, pero nadie le puede negar un poco de fortuna a los "Zorros del Desierto" después de la injusticia que se cometió con ellos en su debut en Copas Mundiales de 1982. Hace 32 años, en el Mundial de España, causó una de las mayores conmociones de las que se tiene memoria al vencer 2-1 a Alemania Occidental, con el gran Lakhdar Belloumi marcando el gol de la victoria. Tras perder contra Austria, Argelia se vio en posibilidades de pasar a la siguiente ronda al vencer 3-2 a Chile, en un partido que comenzó ganando por 3-0. Cuando Alemania Occidental y Austria se enfrentaron, sabían que si el primero ganaba por la mínima diferencia, los dos equipos conseguirían la clasificación. Cuando los alemanes se pusieron al frente, ambos equipos parecieron bajar la guardia y ni siquiera intentaron marcar más goles. Gracias a este incidente, la FIFA decidió que, en posteriores ocasiones, los últimos dos partidos de la ronda de grupos se jugaran de forma simultánea. Pero los seguidores de Argelia aún no olvidan lo ocurrido en aquel verano. Cuatro años después, "los Zorros del Desierto" lograron empatar 1-1 contra Irlanda del Norte, pero fueron derrotados por Brasil y España. Tras fracasar en su intento por calificar a los siguientes cinco Mundiales, en su siguiente participación en Sudáfrica

De izquierda a derecha: (Fila superior) Mohamed Zemmamouche, Faouzi Ghoulam, Mehdi Mostefa-Sbaa, Carl Medjani, Islam Slimani, Madjid Bougherra; (fila inferior) El Arbi Soudani, Nacer Khoualed, Sofiane Feghouli, Medhi Lacen, Yacine Brahimi.

ESTRELLA

MADJID BOUGHERRA

NACIDO: 7 de octubre 1982
CLUB: Lekhwiya (Qatar)

A pesar de su origen francés, Bougherra es un legítimo jugador argelí gracias a la nacionalidad de su abuelo y es uno de los miembros más confiables de "Los Zorros del Desierto". Con un duro carácter, ha impresionado tras su actuación en un par de clubes ingleses antes de llegar a la liga escocesa con el Rangers. No suele marcar muchos goles, pero lo ha hecho en ocasiones importantes, como el gol de empate de último minuto que permitió a Argelia igualar a Costa de Marfil y luego derrotarlo en tiempos extras en la Copa Africana de Naciones, así como el gol del partido contra Burkina Faso con el cual Argelia consiguió su boleto para la Copa Mundial de la FIFA.

equipo dominó las eliminatorias y luego de una irónica derrota en los cuartos de final de la Copa Africana de Naciones contra la selección que ahora dirige. El antiguo entrenador del París Saint-Germain y del Dínamo de Zagreb está aún molesto porque se le haya negado la oportunidad de competir al más alto nivel hace cuatro años, pero ahora tiene la chance de exorcizar sus demonios en Brasil. "Desde que me hice cargo de Argelia, he estado trabajando sin hablar mucho al respecto pues al final son los resultados los que demuestran el trabajo que se ha hecho. Ahora intento hablar menos y trabajar más", declaró. "Hemos conseguido algo grandioso. No todos los días tienes la alegría de calificar a una competencia global como ésta, y sobre todo en una que se lleve a cabo en Brasil. Éste es el mejor momento de mi vida". Para la única nación del norte de África que estará en Brasil, conseguir su pase a la siguiente ronda es un enorme reto, pero nadie se debe sorprender si logran uno o dos resultados imprevistos mientras intentan lograrlo.

sólo consiguieron un punto. En aquella ocasión, el empate a ceros contra Inglaterra en Cape Town levantó grandes expectativas en su país y las comunidades de argelinos en todo el mundo. Otra evidencia más reciente de esta pasión ocurrió cuando, en el partido de vuelta de las eliminatorias contra Burkina Faso, el estadio Mustapha Tchaker estuvo completamente abarrotado seis horas antes de que el partido comenzara. Una semana antes, Argelia cayó derrotado 3-2 luego de una riesgoso viaje a Ouagadougou, sin embargo, la pasada racha de 16 victorias y tres empates en los últimos 19 juegos como local en su fortaleza de Blida le dieron esperanza al equipo de Vahid Halilhodzic de que las cosas podían dar la vuelta. Al final, el esfuerzo del defensa veterano Madjid Bougherra contribuyó para que Argelia consiguiera una angustiosa victoria de 1-0, con lo cual el equipo garantizó su presencia en la que será su cuarta Copa Mundial, gracias a la regla de goles de visitante. La clave de su éxito en las eliminatorias

está en una defensa físicamente imponente, la cual tan sólo concedió cuatro goles en seis partidos contra Mali, Benín y Ruanda. Para el director técnico bosnio Halilhodzic, la Copa Mundial de la FIFA Brasil 2014 representa una oportunidad de redención después de que hubiera sido cesado de la selección de Costa de Marfil a tan sólo unos meses de Sudáfrica 2010, a pesar de que su

A SEGUIR

SOFIANE FEGHOULI

NACIDO: 26 de diciembre 1989
CLUB: Valencia (España)

Tras representar a Francia en la sub-21 y ser apodado "el nuevo Zidane", Feghouli se escapó del radar de los franceses al llegar a Valencia y cambiar su lealtad por la selección de Argelia. Marcó tres veces en las eliminatorias, pero es más conocido por su capacidad para organizar el juego y generar oportunidades de gol.

ISLAM SLIMANI

NACIDO: 18 de junio 1988
CLUB: Sporting Lisbon (Portugal)

Poderoso al encarar, Slimani emergió como el más peligroso atacante argelí tras marcar cinco goles en las eliminatorias, formando una dupla con El Arabi Soudani. Fue transferido del CR Belouizdad al Sporting de Lisboa, lo que benefició su calidad de juego y que hoy lo coloca como un elemento sumamente peligroso.

GRUPO H

RUSIA

EL EQUIPO NACIONAL

Rusia tiene un mayor incentivo pues busca iniciar en Brasil una etapa exitosa, pues serán anfitriones de la Copa Mundial de la FIFA en 2018. ¿Será posible que logren ser los primeros campeones en ser anfitriones del Mundial?

ENTRENADOR

FABIO CAPELLO

Pocos directores técnicos en la historia tienen un historial tan impresionante como Fabio Capello a nivel de clubes, pues todos los equipos que ha dirigido se han coronado en sus ligas de origen.

AC Milan, Real Madrid, Roma y Juventus han florecido con la estricta disciplina de un Capello que nunca ha tenido miedo de sacrificar su popularidad al tomar duras decisiones en beneficio del equipo. Esta política le ocasionó muchos problemas cuando estuvo en Inglaterra, pero aún así consiguió un promedio de 66 por ciento de victorias con la selección inglesa, y no está lejos de conseguir lo mismo con Rusia.

Fabio Capello asumió una misión cuando tomó el mando de la selección rusa. Después de un final amargo en su paso por Inglaterra, buscó poner toda su energía en construir una selección sólida y unida. "Cuando dejé Inglaterra estaba molesto y quería seguir trabajando", dijo en julio de 2012, cuando asumió el cargo. "Trataré de que mi filosofía de juego armonice con el espíritu que ha hecho de Rusia un equipo exitoso, y sin duda iremos a Brasil". El experimentado italiano comprobó tener la razón cuando Rusia superó por un punto a Portugal y se hizo del primer lugar de su grupo en las eliminatorias, a pesar del periodo de incertidumbre por el que atravesaron tras perder contra sus principales rivales, Irlanda del Norte, en dos juegos sucesivos. Conceder tan sólo cinco goles en 10 encuentros fue la clave de su progreso y resaltó la creencia de Capello de que, para conseguir la victoria, el fútbol moderno exige tanto una buena defensa como una buena dosis de ataque. "Creo que es absurdo que la gente siga hablando del 4-3-3, 4-4-2 y todo eso" declaró. "En mi mente, el fútbol moderno exige una formación 9-1. Nueve jugadores que defiendan y nueve jugadores que ataquen. Siempre se necesita tener un buen bloque de jugadores, incluso cuando se está atacando". Ya no puedes tener un equipo que ocupe un área de 40 o 50 metros. Eso ya no se ve más. En la actualidad, tienes que ser compacto, con todo tu equipo a la redonda en un espacio de no más de 20 o 30 metros". El largo proceso ruso para formar jugadores que sean

De izquierda a derecha: (Fila superior) Alexander Kokorin, Alexey Kozlov, Vasili Berezutskiy, Sergey Ignashevich, Igor Akinfeev, Roman Shirokov; (fila inferior) Victor Fayzulin, Dmitry Kombarov, Denis Glushakov, Alexander Kerzhakov, Alexander Samedov.

ESTRELLA

ALEXANDER KERZHAKOV

NACIDO: 27 de noviembre 1982
CLUB: Zenit St Petersburg (Rusia)

Alexander Kerzhakov, el máximo anotador de la historia de la Liga Premier rusa con más de 200 goles, ha florecido a nivel selección bajo el mando de Capello. Su magia con el Zenit St. Petersburg es la culminación de dos periodos exitosos en el Sevilla y el Dínamo de Moscú. Sin lugar a dudas, Kerzhakov disfruta la vida en su país natal. Con un estilo de juego que se asemeja al de Wayne Rooney's, este Mundial parece llegar en el mejor momento para el jugador de 31 años, quien tendrá la oportunidad de jugar al lado de otros compañeros del Zenit como Roman Shirokov y Viktor Fayzulin.

todos los partidos", bromeó Capello al recordar su tiempo como director técnico del Real Madrid. El italiano, quien celebrará su 68 aniversario en Brasil, cree que llegar a los cuartos de final es una meta asequible para Rusia, y recuerda que, una vez llegado a ese punto, la línea que divide a los que siguen avanzando de los que se quedan fuera es muy delgada. "Creo que el fútbol se ha abierto mucho", declaró. "El hecho de que puedas estudiar lo que pasa en partidos de todo el mundo le permite a los directores técnicos estar muy informados y plantear un juego muy táctico". Pocas selecciones se beneficiarán tanto como Rusia de una preparación tan sólida, mientras continúan con su búsqueda por subir peldaños en el *ranking* mundial.

hábiles con el balón y con buenas cualidades físicas, empata con el énfasis de Capello por conseguir un estilo de juego disciplinado. El cuarto lugar que consiguieron en 1966 es quizá su mejor resultado, pero bajo la bandera de la Unión Soviética eran participantes constantes del Mundial y buenos competidores desde 1958 hasta 2002. Aún cuando no llegó a los últimos dos Mundiales, Rusia ha construido una buena reputación en las últimas Eurocopas, alcanzando la semifinal en 2008, tras conseguir antes un campeonato y tres segundos lugares. Cuando sustituyó a sus pares, los holandeses Guus Hiddink y Dick Advocaat, Capello no tuvo miedo de cambiar un poco las cosas y descartar a figuras ya veteranas como Andrei Arshavin, Roman Pavlyuchenko y Pavel Pogrebnyak. Sin embargo, este equipo aún cuenta con su buena dosis de experiencia. Sergey Ignashevich está a punto de conseguir las cien apariciones internacionales, mientras que sus Alexander Anyukov, Alexander Kerzhakov, Vasili Berezutskiy e Igor Akinfeev también están muy cerca de conseguirlo. Kerzhakov, Alexander

Kokorin, Victor Fayzulin y el capitán Roman Shirokov se desempeñaron bien en las eliminatorias, mientras que Alan Dzagoev estuvo entre los ganadores del "Botín de Oro" de la Eurocopa de 2012. Todos ellos le dan a Rusia un buen equilibrio, y a Capello muchas posibilidades para conseguir anotar. "Siempre me ha gustado tener muchos atacantes, aunque sé que eso no significa que se van a ganar

A SEGUIR

ALEXANDER KOKORIN

NACIDO: 19 de marzo 1991
CLUB: Dynamo Moscú (Rusia)

Grandes cosas se han esperado de Kokorin desde que anotó en su debut con el Dínamo de Moscú. Desde entonces, se ha seguido desarrollando como un gran futbolista. A pesar del colapso de verse traspasado al Zenit de St. Petersburgo por 31 millones de dólares, esto no afectó su progreso y seguramente después de Brasil se lo disputarán los clubes más importantes.

IGOR AKINFEEV

NACIDO: 8 de abril 1986
CLUB: CSKA Moscú (Rusia)

Rusia tiene tradición de producir buenos porteros. Con el legendario Lev Yashin poniendo el estándar al máximo, Igor Akinfeev se ha posicionado como el mejor arquero de su generación. Ha sido titular con el CSKA de Moscú desde que tenía 17 años, ganando con su equipo cuatro títulos de liga y debutando a nivel de selecciones tan sólo un año después.

COREA DEL SUR

LOS GUERREROS TAEGUK

Corea del Sur libró una dura batalla para calificar, pero el héroe nacional Hong Myungbo, que entrenó al equipo que ganó el bronce en los Juegos Olímpicos e en Londres 2012, ha tomado el cargo de entrenador en jefe, y en Brasil dirigirá desde la banda esperando poder calificar a la siguiente ronda.

ENTRENADOR

HONG MYUNGBO

Tiene 45 años de edad, y es el jugador con más partidos internacionales de Corea del Sur, capitaneó al equipo a conseguir el cuarto puesto en la Copa Mundial de la FIFA 2002, convirtiéndose en el primer jugador asiático en jugar en cuatro torneos consecutivos.

Después de retirarse, empezó a dirigir y tuvo éxito con las selecciones sub-20 y sub-23 de su país, las llevaría a sus mejores resultados en la Copa Mundial de Fútbol Sub-20 y en los Juegos Olímpicos. Pasó la primera mitad de 2013 como entrenador en el Anzhi Makhachkala.

La leyenda de Corea del Sur Hong Myungbo conducirá a la próxima generación de jugadores de su país en la Copa Mundial de la FIFA. El ex defensor, quien fuera capitán del seleccionado coreano cuando realizaron el mejor papel en su historia, terminó cuarto lugar en la Copa Mundial FIFA 2001 organizado conjuntamente con Japón, sustituyó a Choi Kanghee como entrenador en jefe después de la fase de clasificación.

El camino de los Guerreros de Taeguk a Brasil tuvo algunos contratiempos. La tercera ronda fue sorteada con relativa holgura, con cuatro victorias en seis partidos, pero en un grupo final increíblemente reñido, los empates en los dos partidos contra Uzbekistán y una derrota contra Irán dejaron a Corea del Sur urgida de conseguir punto, ante Irán en su último partido como locales, para asegurar cualificación.

Una derrota por 1-0 los puso en riesgo de jugar un repechaje y ese habría sido su destino si Uzbekistán hubiera anotado un gol más en su victoria de 5-1 sobre Qatar. Avanzaron por un estrecho margen de diferencia de goles y Choi renunció a su puesto. Hong se hizo cargo del seleccionado, mostrando en su palmarés una hazaña olímpica y una aparición en la Copa Mundial Sub-20 de la FIFA en Egipto en 2009 donde llegaron a cuartos de final.

Su generación, con jugadores de la talla de Parque Jisung, Lee Woon-Jae y Lee Young-Pyo, y gracias a sus

Arriba: Equipo de Corea del Sur en el partido eliminatorio contra Uzbekistán en Seúl.

ESTRELLA

SON HEUNG MIN

NACIDO: 8 de julio 1992
CLUB: Bayer Leverkusen (Alemania)
El versátil Son Heung Min fue una revelación para el Hamburgo durante la temporada 2012-13, anotando 12 goles, y fue vinculado con los principales clubes de Europa durante el periodo de transferencia del verano pasado. Decide quedarse en Alemania, y aparece en la UEFA Champions League jugando para el Bayer Leverküsen.

Delantero hábil con olfato de gol, juega por todo el ancho de la cancha, tendrá gran presión sobre sus jóvenes hombros ya que los fanáticos de Corea del Sur voltean a verlo en busca de inspiración, sus actuaciones en la Bundesliga indicaron de que él es el reto.

actuaciones en el año 2002 hicieron que las expectativas de la nación crecieran. Desde entonces, Corea del Sur ha logrado avanzar en la fase de grupos solo una vez y solo una vez han avanzado más allá de la ronda de dieciseisavos de final, mientras que en la Copa de Asia, no ha tenido una participación exitosa desde 1960 y ha finalizado terceros en las dos últimas ediciones.

La tarea de Hong es transformar el equipo juvenil que tiene a su disposición en uno capaz de ir más allá de los de la ronda de grupos en la Copa Mundial de la FIFA. Para ello, deberá concentrarse en contraatacar con ritmo y una defensa sólida.

"Deben recordar uno de los puntos fuertes de fútbol de Corea del Sur ha sido la velocidad. Si somos capaces de sacar provecho de eso a medida que concretemos los contraataques, esto, podría funcionar a nuestro favor. La organización defensiva es fundamental. Puede ayudar a los equipos a derrotar a cualquiera. No debemos preocuparnos si jugamos contra España, Alemania o Italia. Tenemos que concentrarnos en la defensa y mantener ese enfoque a lo largo del juego".

El núcleo de su equipo juega en Asia, con algunas exportaciones a las ligas inglesa y alemana. El defensa Hong Jeong Ho fue el último jugador coreano en participar en la Bundesliga alemana, cuando pasó del Jeju United al FC Augsburg en septiembre, tiene gran presencia física en el centro de la defensiva coreana y buscará de hacerse de un nombre en el escenario mundial después de haberse perdido los Juegos Olímpicos de 2012 por lesión.

Hong traerá de vuelta a Ki Sungyueng del Swansea City para apoyar a la defensa y lanzar los ataques de su equipo. El jugador de 25 años de edad, pasó la última temporada cedido al Sunderland después de haber caído en desgracia con el equipo de Michael Laudrup, jugar regularmente le asegurará que puede estar listo para ser el líder de los Guerreros Taeguk en Brasil.

En la delantera, jugadores de la talla de Son Heung Min del Bayer Leverkusen, el versátil extremo del Wolfsburg, Koo Jacheol y el centrocampista Kim Bokyung del Cardiff City serán opiciones para crear oportunidades. Hong también espera que los delanteros Park Chuyoung y Ji Dongwon lleguen en buena forma y ayuden a conseguir que Corea del Sur avance a la siguiente ronda.

A SEGUIR

KOO JACHEOL

NACIDO: 27 de febrero 1989
CLUB: Wolfsburg (Alemania)
Koo, puede jugar en cualquier posición en el centro del campo, fue capitán del equipo en los Juegos Olímpicos de 2012, y anotó el gol en la victoria ante Japón, ganando la medalla de bronce, terminó como el máximo goleador en la Copa Asiática 2011. Cedido con éxito al FC Augsburg en 2012-13 pudo a volver al primer equipo de Wolfsburg esta temporada.

HONG JEONG HO

NACIDO: 12 de agosto 1989
CLUB: FC Augsburg (Alemania)
El dominante defensor es visto como el sucesor del entrenador Hong Myungbo en el centro de la defensa la República de Corea. Fuerte en la marca y solvente con el balón, Myungbo buscará construir una defensa en torno al zaguero del Augsburgo de la Bundesliga donde llegó en septiembre transferido por el Jeju United.

FIFA WORLD CUP
Brasil

El mediocampista español Andrés
Iniesta anota el gol del triunfo frente a
Holanda en la final de la Copa Mundial
de la FIFA en Johannesburgo.

LA HISTORIA

Han transcurrido 84 años desde que se realizó por primera vez la Copa Mundial de la FIFA en Uruguay y, desde entonces, 76 equipos nacionales han participado al menos en un torneo, en tanto que Brasil es el único país que ha estado presente en cada una de las 19 ediciones. La historia de la competencia está llena de partidos memorables y en esta sección se pueden encontrar todos los resultados y tablas de los grupos desde 1930 hasta 2010.

URUGUAY 1930

El anfitrión Uruguay continuó con sus victorias de los Juegos Olímpicos de 1924 y 1928 ganando la primera Copa Mundial de la FIFA venciendo 4-2 a sus vecinos y eternos rivales de Argentina, con una multitud de 30,000 aficionados argentinos que alentaron al equipo luego de cruzar el Río de la Plata.

Participaron trece naciones y todos los partidos se jugaron en la ciudad capital, Montevideo. Las cuatro naciones europeas que compitieron viajaron a Sudamérica en el mismo barco, recogiendo al equipo de Brasil en el camino.

Arriba: Los aficionados uruguayos se abalanzan al campo de juego al momento del silbatazo final, luego de que su equipo venciera a Argentina para obtener la primera Copa Mundial de la FIFA.

GRUPO 1

Francia	4	México	1
Argentina	1	Francia	0
Chile	3	México	0
Chile	1	Francia	0
Argentina	6	México	3
Argentina	3	Chile	1

GRUPO 2

Yugoslavia	2	Brasil	1
Yugoslavia	4	Bolivia	0
Brasil	4	Bolivia	0

GRUPO 3

Rumania	3	Perú	1
Uruguay	1	Perú	0
Uruguay	4	Rumania	0

GRUPO 4

EUA	3	Bélgica	0
EUA	3	Paraguay	0
Paraguay	1	Bélgica	0

SEMI-FINALES

Argentina	6	EUA.	1
Uruguay	6	Yugoslavia	1

FINAL – 30 de Julio: Estadio Centenario, Montevideo

Uruguay 4 Dorado (12), Cea (57), Iriarte (68), Castro (89) **Argentina** 2 Peucelle (20), Stabile (37)
MT: 1-2. **Asistencia:** 68 346. **Árbitro:** Langenus (Bélgica)
Uruguay: Ballestero, Gestido, Mascheroni, Castro, Scarone, Andrade, Nasazzi, Fernández, Dorado, Cea, Iriarte.
Argentina: Botasso, Peucelle, Paternoster, Varallo, Stabile, Della Torre, J Evaristo, Monti, Ferreira, M Evaristo, Suárez.
Goleador del certamen: Stábile (Argentina) 8 goles

ITALIA 1934

Italia superó una ajetreada agenda y algunos partidos muy disputados para llegar a la final y derrotar a Checoslovaquia en un emocionante encuentro, con los anfitriones igualando en el minuto 81 del tiempo regular antes de triunfar en los tiempos extra.

El anterior ganador, Uruguay, se negó a participar en este torneo, pues los azzurri se negaron a participar en el campeonato previo, Argentina y Brasil enviaron débiles equipos, lo que permitió que los equipos europeos ocuparan las ocho plazas de los cuartos de final.

Arriba: Los jugadores triunfadores de Italia llevan en andas a su técnico Vittorio Pozzo luego de vencer a Checoslovaquia en Roma.

RONDA PRELIMINAR

Suecia	3	Argentina	2
Austria	3	Francia	2 *
Alemania	5	Belgica	2
España	3	Brasil	1
Hungría	4	Egipto	2
Suiza	3	Holanda	2
Italia	7	EUA	1
Checoslovaquia	2	Rumania	1

*Después de los tiempos extras

CUARTOS DE FINAL

Checoslovaquia	3	Suiza	2
Alemania	2	Suecia	1
Italia	1	España	1 *
Austria	2	Hungría	1
Italia	1	España	0

*Después de los tiempos extras

SEMI-FINALES

Italia	1	Austria	0
Checoslovaquia	3	Alemania	1

PARTIDO DEL TERCER LUGAR

Alemania	3	Austria	2

FINAL – 10 de Junio: Estadio Nacional PNF, Roma

Italia 2 Orsi (81), Schiavio (95) **Checoslovaquia** 1 Puc (71) Luego de los tiempos extra
MT: 0-0. **Asistencia:** 55 000. **Árbitro:** Eklind (Suecia)
Italia: Combi, Schiavio, Ferraris, Guaita, Monzeglio, Ferrari, Meazza, Allemandi, Bertolini, Monti, Orsi.
Checoslovaquia: Planicka, Puc, Junek, Svoboda, Sobotka, Ctyroky, Kostalek, Zenisek, Nejedly, Krcil, Cambal.

Goleador del certamen: Nejedly (Checoslovaquia) 5 goles

FRANCIA 1938

Italia se convirtió en el primer equipo en defender exitosamente la Copa Mundial de la FIFA, pues su estrella goleadora, Silvio Piola, anotó dos veces en la victoria de 4-2 sobre Hungría, con los ganadores vistiendo casacas negras por orden del dictador Benito Mussolini en el último evento importante antes del estallido de la guerra.

El líder goleador, Leónidas, anotó tres tantos en la victoria de Brasil sobre Polonia por 6-5, en tanto que en el equipo perdedor, Ernest Wilimowski finalizó marcando cuatro goles en ese mismo encuentro.

Arriba: El capitán de Italia, Giuseppe Meazza, recibe el Trofeo Jules Rimet después de retener el título al derrotar a Hungría en la final de la Copa Mundial de la FIFA 1938.

PRIMERA RONDA

Suiza	1	Alemania	1 *
Hungría	6	I. O. Holandesas	0
Francia	3	Bélgica	1
Cuba	3	Rumania	3 *
Italia	2	Noruega	1 *
Brasil	6	Polonia	5 *
Checoslovaquia	3	Holanda	0 *
Cuba	2	Rumania	1
Suiza	4	Alemania	2

*Después de los tiempos extras

CUARTOS DE FINAL

Brasil	1	Checoslovaquia	1 *
Hungría	2	Suiza	0
Suecia	8	Cuba	0
Italia	3	Francia	1
Brasil	2	Checoslovaquia	1

*Después de los tiempos extras

SEMI-FINALES

Hungría	5	Suecia	1
Italy	2	Brasil	1

PARTIDO DEL TERCER LUGAR

Brasil	4	Suecia	2

FINAL – 19 de Junio: Estadio Olímpico de Colombes, París
Italia 4   Colaussi (6, 35), Piola (16, 82)   **Hungría** 2   Titkos (8), Sarosi (70)
MT: 3-1. Asistencia: 45 000. Árbitro: Capdeville (Francia)
Italia: Olivieri, Foni, Biavati, Colaussi, Ferrari, Meazza, Andreolo, Rava, Serantoni, Piola, Locatelli.
Hungría: Szabo, Szalay, Sas, Sarosi, Szucs, Lazar, Polgar, Zsengeller, Vincze, Titkos, Biro.

Goleador del certamen: Leónidas (Brasil) 7 goles

BRASIL 1950

Casi 200 000 espectadores quedaron atónitos en el Estadio Maracaná de Río de Janeiro cuando Uruguay superó la desventaja para vencer a Brasil en un encuentro decisivo del torneo. Los anfitriones habían arrollado a Suecia por 7-1 y a España por 6-1 en la conclusión del torneo ya reducido a 4 equipos, pero cayeron ante un oponente que había empatado y ganado apretadamente en los juegos de apertura. Sorpresivamente, Inglaterra fue derrotado por EUA.

Arriba: El jugador Ghiggia, de Uruguay, ganador del encuentro, se voltea para festejar la anotación del gol decisivo contra Brasil en el último partido del grupo final, para obtener su segundo éxito en una Copa Mundial de la FIFA.

GRUPO 1

Brasil	4	México	0
Yugoslavia	3	Suiza	0
Brasil	2	Suiza	2
Yugoslavia	4	México	1
Brasil	2	Yugoslavia	0
Suiza	2	México	1

	P	G	E	P	F	C	Pts
Brasil	3	2	1	0	8	2	5
Yugoslavia	3	2	0	1	7	3	4
Suiza	3	1	1	1	4	6	3
México	3	0	0	3	2	10	0

GRUPO 2

Inglaterra	2	Chile	0
España	3	EUA	1
España	2	Chile	0
E.U.A.	1	Inglaterra	0
España	1	Inglaterra	0
Chile	5	EUA	2

	P	G	E	P	F	C	Pts
España	3	3	0	0	6	1	6
Inglaterra	3	1	0	2	2	2	2
Chile	3	1	0	2	5	6	2
EUA	3	1	0	2	4	8	2

GRUPO 3

Suecia	3	Italia	2
Suecia	2	Paraguay	2
Italia	2	Paraguay	0

	P	G	E	P	F	C	Pts
Suecia	2	1	1	0	5	4	3
Italia	2	1	0	1	4	3	2
Paraguay	2	0	1	1	2	4	1

GRUPO 4

Uruguay	8	Bolivia	0

	P	G	E	P	F	C	Pts
Uruguay	1	1	0	0	8	0	2
Bolivia	1	0	0	1	0	8	0

Goleador del certamen: Ademir (Brasil) 8 goles

GRUPO FINAL

Uruguay	2	España	2
Brasil	7	Suecia	1
Brasil	6	España	1
Uruguay	3	Suecia	2
Suecia	3	España	1
Uruguay	2	Brasil	1

	P	G	E	P	F	C	Pts
Uruguay	3	2	1	0	7	5	5
Brasil	3	2	0	1	14	4	4
Suecia	3	1	0	2	6	11	2
España	3	0	1	2	4	11	1

SUIZA 1954

Alemania Federal dio una sorpresa remontando una desventaja de 2-0 y batiendo a los fantásticos magiares de Hungría en una final conocida como el "milagro de Berna". En un torneo que produjo el promedio de goles más altos por partido, con un valor de 5.38, Ferenc Puskas había liderado a Hungría hasta llegar a 31 partidos sin perder, con Sandor Kocsis alcanzando 11 anotaciones. También fue la primera ocasión que el evento recibió cobertura televisiva.

GRUPO 1

Yugoslavia	1	Francia	0
Brasil	5	México	0
Brasil	1	Yugoslavia	1 *
Francia	3	México	2

*Después de los tiempos extras

	J	G	E	P	F	C	Pts
Brasil	2	1	1	0	6	1	3
Yugoslavia	2	1	1	0	2	1	3
Francia	2	1	0	1	3	3	2
México	2	0	0	2	2	8	0

GRUPO 2

Alemania RF	4	Turquía	1
Hungría	9	Corea del Sur	0
Hungría	8	Alemania RF	3
Turquía	7	Corea del Sur	0
Alemania RF	7	Turquía	2 **

** Eliminación directa

	J	G	E	P	F	C	Pts
Hungría	2	2	0	0	17	3	4
Alemania RF	3	2	0	1	14	11	4
Turquía	3	1	0	2	10	11	2
Corea del Sur	2	0	0	2	0	16	0

GRUPO 3

Austria	1	Escocia	0
Uruguay	2	Checoslovaquia	0
Uruguay	7	Escocia	0
Austria	5	Checoslovaquia	0

	J	G	E	P	F	C	Pts
Uruguay	2	2	0	0	9	0	4
Austria	2	2	0	0	6	0	4
Checoslovaquia	2	0	0	2	0	7	0
Escocia	2	0	0	2	0	8	0

GRUPO 4

Suiza	2	Italia	1
Inglaterra	4	Bélgica	4 *
Italia	4	Bélgica	1
Inglaterra	2	Suiza	0
Suiza	4	Italia	1 **

*Después de los tiempos extras ** Eliminación directa

	J	G	E	P	F	C	Pts
Suiza	3	2	0	1	6	4	4
Inglaterra	2	1	1	0	6	4	3
Italia	3	1	0	2	6	7	2
Bélgica	2	0	1	1	5	8	1

CUARTOS DE FINAL

Austria	7	Suiza	5
Uruguay	4	Inglaterra	2
Hungría	4	Brasil	2
Alemania RF	2	Yugoslavia	0

SEMIFINALES

Hungría	4	Uruguay	2 *
Alemania RF	6	Austria	1

*Después de los tiempos extras

PARTIDO DEL TERCER LUGAR

Austria	3	Uruguay	1

FINAL – 4 de Julio: Estadio Wankdorf, Berna

Alemania RF 3 Morlock (10), Rahn (18, 84) **Hungría 2** Puskas (6), Czibor (8)
MT: 2-2. Asistencia: 62,500. Árbitro: Ling (Inglaterra)
Alemania RF: Turek, Kohlmeyer, Eckel, Posipal, Mai, Liebrich, Rahn, Morlock, O Walter, F Walter, Schaefer.
Hungría: Grosics, Buzanszky, Lorant, Lantos, Bozsik, Zakarias, Kocsis, Hidegkuti, Puskas, Czibor, Toth.
Goleador del certamen: Kocsis (Hungría) 11 goles

SUECIA 1958

Brasil comenzó su romance con la Copa Mundial de la FIFA, con Pelé de 17 años, anotando dos veces en la victoria de 5-2 sobre los anfitriones en el partido decisivo, todo un hito, pues es el único triunfo de un equipo sudamericano en una final de la Copa Mundial de la FIFA en Europa. Las cuatro naciones británicas se presentan por única vez, con Irlanda del Norte y Gales alcanzando los cuartos de final. El centrodelantero Just Fontaine logra el récord de 13 goles que ayudó a Francia a finalizar en tercer lugar.

GRUPO 1

Alemania RF	3	Argentina	1
Irlanda del Norte	1	Checoslovaquia	0
Argentina	3	Irlanda del Norte	1
Alemania RF	2	Checoslovaquia	2
Checoslovaquia	6	Argentina	1
Alemania RF	2	Irlanda del Norte	2
Irlanda del Norte	2	Checoslovaquia	1 **

	J	G	E	P	F	C	Pts
Irlanda del N.	4	2	1	1	6	6	5
Alemania RF	3	1	2	0	7	5	4
Checoslovaquia	4	1	1	2	9	6	3
Argentina	3	1	0	2	5	10	2

** Eliminación directa

GRUPO 2

Yugoslavia	1	Escocia	1
Francia	7	Paraguay	3
Yugoslavia	3	Francia	2
Paraguay	3	Escocia	2
Paraguay	3	Yugoslavia	3
Francia	2	Escocia	1

	J	G	E	p	F	C	Pts
Francia	3	2	0	1	11	7	4
Yugoslavia	3	1	2	0	7	6	4
Paraguay	3	1	1	1	9	12	3
Escocia	3	0	1	2	4	6	1

GRUPO 3

Suecia	3	México	0
Hungría	1	Gales	1
México	1	Gales	1
Suecia	2	Hungría	1
Suecia	0	Gales	0
Hungría	4	México	0
Gales	2	Hungría	1 **

	J	G	E	P	F	C	Pts
Suecia	3	2	1	0	5	1	5
Gales	4	1	3	0	4	3	5
Hungría	4	1	1	2	7	5	3
México	3	0	1	2	1	8	1

** Eliminación directa

GRUPO 4

URSS	2	Inglaterra	2
Brasil	3	Austria	0
URSS	2	Austria	0
Brasil	0	Inglaterra	0
Brasil	2	URSS	0
Inglaterra	2	Austria	2
URSS	1	Inglaterra	0 **

	J	G	E	P	F	C	Pts
Brasil	3	2	1	0	5	0	5
URSS	4	2	1	1	5	4	5
Inglaterra	4	0	3	1	4	5	3
Austria	3	0	1	2	2	7	1

** Eliminación directa

CUARTOS DE FINAL

Brasil	1	Gales	0
Francia	4	Irlanda del N.	0
Alemania RF	1	Yugoslavia	0
Suecia	2	URSS	0

SEMIFINALES

Suecia	3	Alemania RF	1
Brasil	5	Francia	2

PARTIDO DEL TERCER LUGAR

Francia	6	Alemania RF	3

FINAL – 29 de Junio: Estadio Rasunda, Solna

Brasil 5 Vava (9, 32), Pelé (55, 90), Zagallo (68) **Suecia 2** Liedholm (4), Simonsson (80)
MT: 2-1. Asistencia: 49,737. Árbitro: Guigue (Francia)
Brasil: Gilmar, Bellini, Djalma Santos, Didí, Zagallo, Pelé, Garrincha, Nilton Santos, Orlando, Zito, Vavá.
Suecia: Svensson, Bergmark, Axbom, Liedholm, Parling, Hamrin, Gren, Simonsson, Skoglund, Gustavsson, Borjesson.
Goleador del certamen: Fontaine (Francia) 13 goles

CHILE 1962

Brasil perdió a Pelé por una lesión en un tendón, pero otro grande, Garrincha, apareció con soberbias exhibiciones para sobrellevar esta ausencia. El "pajarillo", como lo llamaban, guió a los campeones defensores en todo momento hasta la final, donde derrotaron a Checoslovaquia.

El torneo se recuerda con no tanto cariño como la "Batalla de Santiago", con dos jugadores expulsados en el encuentro entre Chile e Italia, que estuvo plagado de infracciones e incidentes.

GRUPO 1

Uruguay	2	Colombia	1
URSS	2	Yugoslavia	0
Yugoslavia	3	Uruguay	1
URSS	4	Colombia	4
URSS	2	Uruguay	1
Yugoslavia	5	Colombia	0

	J	G	E	P	F	C	Pts
URSS	3	2	1	0	8	5	5
Yugoslavia	3	2	0	1	8	3	4
Uruguay	3	1	0	2	4	6	2
Colombia	3	0	1	2	5	11	1

GRUPO 2

Chile	3	Suiza	1
Alemania RF	0	Italia	0
Chile	2	Italia	0
Alemania RF	2	Suiza	1
Alemania RF	2	Chile	0
Italia	3	Suiza	0

	J	G	E	P	F	C	Pts
Alemania RF	3	2	1	0	4	1	5
Chile	3	2	0	1	5	3	4
Italia	3	1	1	1	3	2	3
Suiza	3	0	0	3	2	8	0

GRUPO 3

Brasil	2	México	0
Checoslovaquia	1	España	0
Brasil	0	Checoslovaquia	0
España	1	México	0
Brasil	2	España	1
México	3	Checoslovaquia	1

	J	G	E	P	F	C	Pts
Brasil	3	2	1	0	4	1	5
Checoslovaquia	3	1	1	1	2	3	3
México	3	1	0	2	3	4	2
España	3	1	0	2	2	3	2

GRUPO 4

Argentina	1	Bulgaria	0
Hungría	2	Inglaterra	1
Inglaterra	3	Argentina	1
Hungría	6	Bulgaria	1
Hungría	0	Argentina	0
Inglaterra	0	Bulgaria	0

	J	G	E	P	F	C	Pts
Hungría	3	2	1	0	8	2	5
Inglaterra	3	1	1	1	4	3	3
Argentina	3	1	1	1	2	3	3
Bulgaria	3	0	1	2	1	7	1

CUARTOS DE FINAL

Chile	2	URSS	1
Yugoslavia	1	Alemania RF	0
Brasil	3	Inglaterra	1
Checoslovaquia	1	Hungría	0

SEMIFINALES

Brasil	4	Chile	2
Checoslovaquia	3	Yugoslavia	1

PARTIDO DEL TERCER LUGAR

Chile	1	Yugoslavia	0

FINAL – 17 de Junio: Estadio Nacional, Santiago

Brasil 3 Amarildo (17), Zito (69), Vava (78) **Checoslovaquia** 1 Masopust (15)
MT: 1-1. Asistencia: 107,412. Árbitro: Gloeckner (Alemania RD)
Brasil: Gilmar, Djalma Santos, Mauro Ramos, Zito, Zozimo, Nilton Santos, Garrincha, Didí, Vavá, Amarildo, Zagallo.
Checoslovaquia: Schrojf, Popluhar, Novak, Pluskal, Masopust, Scherer, Jelinek, Tichy, Pospichal, Kadraba, Kvasnak.
Goleador del certamen: Garrincha (Brasil), Vavá (Brasil), Sánchez (Chile), Jerkovic (Yugoslavia), Albert (Hungría), Ivanov (URSS) 4 goles

---

INGLATERRA 1966

Inglaterra usó la ventaja de jugar como local cuando Geoff Hurst los ayudó a vencer a Alemania Federal por 4-1, en una final que se recuerda por la controversia de si el segundo tanto inglés cruzó realmente la línea de gol. Cerca de 51,000 aficionados presenciaron cada encuentro, y la estrella de Portugal, Eusebio, fue el jugador del torneo, con nueve anotaciones, incluyendo cuatro en la victoria por 5-3 en los cuartos de final sobre Corea del Norte, que había empezado ganando, luego de eliminar a Italia en la fase de grupos.

GRUPO 1

Inglaterra	0	Uruguay	0
Francia	1	México	1
Uruguay	2	Francia	1
Inglaterra	2	México	0
Uruguay	0	México	0
Inglaterra	2	Francia	0

	J	G	E	P	F	C	Pts
Inglaterra	3	2	1	0	4	0	5
Uruguay	3	1	2	0	2	1	4
México	3	0	2	1	1	3	2
Francia	3	0	1	2	2	5	1

GRUPO 2

Alemania RF	5	Suiza	0
Argentina	2	España	1
España	2	Suiza	1
Alemania RF	0	Argentina	0
Argentina	2	Suiza	0
Alemania RF	2	España	1

	J	G	E	P	F	C	Pts
Alemania RF	3	2	1	0	7	1	5
Argentina	3	2	1	0	4	1	5
España	3	1	0	2	4	5	2
Suiza	3	0	0	3	1	9	0

GRUPO 3

Brasil	2	Bulgaria	0
Portugal	3	Hungría	1
Hungría	3	Brasil	1
Portugal	3	Bulgaria	0
Portugal	3	Brasil	1
Hungría	3	Bulgaria	1

	J	G	E	P	F	C	Pts
Portugal	3	3	0	0	9	2	6
Hungría	3	2	0	1	7	5	4
Brasil	3	1	0	2	4	6	2
Bulgaria	3	0	0	3	1	8	0

GRUPO 4

URSS	3	Corea DPR	0
Italia	2	Chile	0
Corea DPR	1	Chile	1
URSS	1	Italia	0
Corea DPR	1	Italia	0
URSS	2	Chile	1

	J	G	E	P	F	C	Pts
URSS	3	3	0	0	6	1	6
Corea DPR	3	1	1	1	2	4	3
Italia	3	1	0	2	2	2	2
Chile	3	0	1	2	2	5	1

CUARTOS DE FINAL

Inglaterra	1	Argentina	0
Alemania RF	4	Uruguay	0
URSS	2	Hungría	1
Portugal	5	Corea DPR	3

SEMIFINALES

Alemania RF	2	URSS	1
Inglaterra	2	Portugal	1

PARTIDO DEL TERCER LUGAR

Portugal	2	URSS	1

FINAL – 30 de Julio: Wembley, Londres

Inglaterra 4 Hurst (18, 101, 120), Peters (78) **Alemania RF** 2 Haller (12), Weber (89)
Después de tiempos extra

MT: 1-1. Asistencia: 96,924. Árbitro: Dienst (Suiza)
Inglaterra: Banks, Cohen, Wilson, Stiles, J Charlton, Moore, Ball, B Charlton, Hurst, Peters, Hunt.
Alemania RF: Tilkowski, Hoettges, Schnellinger, Beckenbauer, Schulz, Weber, Haller, Seeler, Held, Emmerich, Overath.
Goleador del certamen: Eusebio (Portugal) 9 goles

MÉXICO 1970

Brasil ganó su derecho a conservar el trofeo Jules Rimet luego de que Pelé ayudó al equipo a obtener su tercera Copa Mundial de la FIFA fuera de Europa y Sudamérica.

Jairzinho anotó en todos los juegos, en tanto que Gerson, Tostao y Rivelino brillaron en la línea de ataque que consiguió un récord de 100% de eficiencia al ganar de forma directa los seis encuentros del torneo en México, y derrotando 4-1 a Italia en la final, con un gran gol final de Carlos Alberto.

Gerd Müeller fue el goleador de la competencia con 10 goles para Alemania Federal, en tanto que el guardameta de Inglaterra, Gordon Banks, será recordado por haber salvado un intento de gol de Pelé.

Arriba: El capitán Carlos Alberto corona, con su famoso cuarto gol, el partido final para que Brasil obtenga el trofeo Jules Rimet para su equipo contra Italia en la final de 1970.

GRUPO 1

México	0	URSS	0			
Bélgica	3	El Salvador	0			
URSS	4	Bélgica	1			
México	4	El Salvador	0			
URSS	2	El Salvador	0			
México	1	Bélgica	0			

	J	G	E	P	F	C	Pts
URSS	3	2	1	0	6	1	5
México	3	2	1	0	5	0	5
Bélgica	3	1	0	2	4	5	2
El Salvador	3	0	0	3	0	9	0

GRUPO 2

Uruguay	2	Israel	0			
Italia	1	Suecia	0			
Uruguay	0	Italia	0			
Suecia	1	Israel	1			
Suecia	1	Uruguay	0			
Italia	0	Israel	0			

	J	G	E	P	F	C	Pts
Italia	3	1	2	0	1	0	4
Uruguay	3	1	1	1	2	1	3
Suecia	3	1	1	1	2	2	3
Israel	3	0	2	1	1	3	2

GRUPO 3

Inglaterra	1	Rumania	0			
Brasil	4	Checoslovaquia	1			
Rumania	2	Checoslovaquia	1			
Brasil	1	Inglaterra	0			
Brasil	3	Rumania	2			
Inglaterra	1	Checoslovaquia	0			

	J	G	E	P	F	C	Pts
Brasil	3	3	0	0	8	3	6
Inglaterra	3	2	0	1	2	1	4
Rumania	3	1	0	2	4	5	2
Checoslovaquia	3	0	0	3	2	7	0

GRUPO 4

Perú	3	Bulgaria	2			
Alemania RF	2	Marruecos	1			
Perú	3	Marruecos	0			
Alemania RF	5	Bulgaria	2			
Alemania RF	3	Perú	1			
Bulgaria	1	Marruecos	1			

	J	G	E	P	F	C	Pts
Alemania RF	3	3	0	0	10	4	6
Perú	3	2	0	1	7	5	4
Bulgaria	3	0	1	2	5	9	1
Marruecos	3	0	1	2	2	6	1

CUARTOS DE FINAL

Brasil	4	Perú	2	
Alemania RF	3	Inglaterra	2	*
Italia	4	México	1	
Uruguay	1	URSS	0	*

*Después de los tiempos extras

SEMIFINALES

Brasil	3	Uruguay	1	
Italia	4	Alemania RF	3	*

*Después de los tiempos extras

PARTIDO DEL TERCER LUGAR

Alemania RF	1	Uruguay	0

FINAL – 21 de Junio: Estadio Azteca, Ciudad de México
Brasil 4 Pelé (18), Gerson (66), Jairzinho (71), Carlos Alberto (86) **Italia** 1 Boninsegna (37)
MT: 1-1. **Asistencia:** 107,412. **Árbitro:** Gloeckner (Alemania Federal)
Brasil: Félix, Brito, Wilson Piazza, Carlos Alberto, Clodoaldo, Jairzinho, Gerson, Tostao, Pelé, Rivelino, Everaldo.
Italia: Albertosi, Burgnich, Facchetti, Cera, Rosato, Bertini (Juliano 74), Riva, Domenghini, Mazzola, De Sisti, Boninsegna (Rivera 84).
Goleador del certamen: Müeller (Alemania Federal) 10 goles

ALEMANIA OCCIDENTAL 1974

El capitán de Alemania Federal, Franz Beckenbauer, alzó el trofeo de la Copa Mundial de la FIFA después de que los anfitriones eliminaron al equipo holandés de Johan Cruyff, que había fascinado a los espectadores con su estilo de fútbol total.

Holanda tuvo un comienzo electrizante cuando Johan Neeskens convirtió el primer penal concedido en una final; sin embargo, Paul Breitner igualó con otro tiro desde el manchón del penal, y Gerd Müeller estableció cifras definitivas con el gol de la victoria.

El equipo de Polonia resultó la sorpresa del torneo, y Gregorz Lato mereció el Botín de Oro Adidas por ser el goleador del certamen, luego de haber anotado siete veces, y su compatriota Andrzej Szarmach resultó tercero con cinco anotaciones.

Derecha: Beckenbauer se convierte en el primer jugador en alzar el nuevo trofeo de la Copa Mundial de la FIFA luego de que los anfitriones vencieran a Holanda en la final de 1974.

GRUPO 1

Alemania RF	1	Chile	0
Alemania RD	2	Australia	0
Australia	0	Alemania RF	3
Chile	1	Alemania RD	1
Australia	0	Chile	0
Alemania RD	1	Alemania RF	0

	J	G	E	P	F	C	Pts
Alemania RD	3	2	1	0	4	1	5
Alemania RF	3	2	0	1	4	1	4
Chile	3	0	2	1	1	2	2
Australia	3	0	1	2	0	5	1

GRUPO 3

Suecia	0	Bulgaria	0
Uruguay	0	Holanda	2
Holanda	0	Suecia	0
Bulgaria	1	Uruguay	1
Bulgaria	1	Holanda	4
Suecia	3	Uruguay	0

	J	G	E	P	F	C	Pts
Holanda	3	2	1	0	6	1	5
Suecia	3	1	2	0	3	0	4
Bulgaria	3	0	2	1	2	5	2
Uruguay	3	0	1	2	1	6	1

PARTIDO DEL TERCER LUGAR

| Brasil | 0 | Polonia | 1 |

GRUPO 2

Brasil	0	Yugoslavia	0
Zaire	0	Escocia	2
Escocia	0	Brasil	0
Yugoslavia	9	Zaire	0
Escocia	1	Yugoslavia	1
Zaire	0	Brasil	3

	J	G	E	P	F	C	Pts
Yugoslavia	3	1	2	0	10	1	4
Brasil	3	1	2	0	3	0	4
Escocia	3	1	2	0	3	1	4
Zaire	3	0	0	3	0	14	0

GRUPO 4

Italia	3	Haití	1
Polonia	3	Argentina	2
Argentina	1	Italia	1
Polonia	7	Haití	0
Polonia	2	Italia	1
Argentina	4	Haití	1

	J	G	E	P	F	C	Pts
Polonia	3	3	0	0	12	3	6
Argentina	3	1	1	1	7	5	3
Italia	3	1	1	1	5	4	3
Haití	3	0	0	3	2	14	0

SEGUNDA RONDA

GRUPO A

Holanda	4	Argentina	0
Brasil	1	Alemania RD	0
Brasil	2	Argentina	1
Holanda	2	Alemania RD	0
Argentina	1	Alemania RD	1
Holanda	2	Brasil	0

	J	G	E	P	F	C	Pts
Holanda	3	3	0	0	8	0	6
Brasil	3	2	0	1	3	3	4
Alemania RD	3	0	1	2	1	4	1
Argentina	3	0	1	2	2	7	1

GRUPO B

Alemania RF	2	Yugoslavia	0
Polonia	1	Suecia	0
Polonia	2	Yugoslavia	1
Alemania RF	4	Suecia	2
Alemania RF	1	Polonia	0
Suecia	2	Yugoslavia	1

	J	G	E	P	F	C	Pts
Alemania RF	3	3	0	0	7	2	6
Polonia	3	2	0	1	3	2	4
Suecia	3	1	0	2	4	6	2
Yugoslavia	3	0	0	3	2	6	0

FINAL – 7 de Julio: Estadio Olímpico, Munich

Holanda 1 Neeskens (2, pen) **Alemania RF 2** Breitner (25, pen), Müeller (43)
MT: 1-2. Asistencia: 78,200. Árbitro: Taylor (Inglaterra)
Holanda: Jongbloed, Haan, Van Hanegem, Jansen, Krol, Neeskens, Cruyff, Rensenbrink, (R van de Kerkhof 46), Rep, Rijsbergen (De Jong 68), Suurbier.
Alemania RF: Maier, Vogts, Breitner, Schwarzenbeck, Beckenbauer, Grabowski, Overath, Müeller, Hoeness, Bonhof, Hoelzenbein.
Goleador del certamen: Lato (Polonia) 7 goles

ARGENTINA 1978

Holanda perdió con Argentina en la final por 2a vez en una Copa Mundial de la FIFA, el goleador Kempes condujo a Argentina a su primera victoria con una clásica lluvia de papelitos azules y blancos arrojados sobre el campo por los aficionados locales. Argentina había dejado en el camino 6-0 a Perú, necesitaba una rotunda victoria para terminar arriba de Brasil, y lo logró pasar por diferencia de goles a la segunda fase, dejando el antecedente de que los encuentros de las rondas finales deberían comenzar a la misma hora. Túnez accedió por 1a vez a la segunda fase en la Copa Mundial de la FIFA, ganando y dando lo mejor de sí frente a México.

Derecha: Mario Kempes celebra una de sus dos anotaciones en la final contra Holanda en 1978. Con seis tantos en el torneo se adjudicó el Botín de Oro de Adidas al goleador del certamen.

SEGUNDA RONDA

GRUPO 1

Italia	2	Francia	1			
Argentina	2	Hungría	1			
Italia	3	Hungría	1			
Argentina	2	Francia	1			
Francia	3	Hungría	1			
Italia	1	Argentina	0			

	J	G	E	P	F	C	Pts
Italia	3	3	0	0	6	2	6
Argentina	3	2	0	1	4	3	4
Francia	3	1	0	2	5	5	2
Hungría	3	0	0	3	8	0

GRUPO 2

Alemania RF	0	Polonia	0
Túnez	3	México	1
Polonia	1	Túnez	0
Alemania RF	6	México	0
Alemania RF	0	Túnez	0
Polonia	3	México	1

	J	G	E	P	F	C	Pts
Polonia	3	2	1	0	4	1	5
Alemania RF	3	1	2	0	6	0	4
Túnez	3	1	1	1	3	2	3
México	3	0	0	3	2	12	0

GRUPO A

Alemania RF	0	Italia	0
Holanda	5	Austria	1
Italia	1	Austria	0
Alemania RF	2	Holanda	2
Holanda	2	Italia	1
Austria	3	Alemania RF	2

	J	G	E	P	F	C	Pts
Holanda	3	2	1	0	9	4	5
Italia	3	1	1	1	2	2	3
Alemania RF	3	0	2	1	4	5	2
Austria	3	1	0	2	4	8	2

GRUPO 3

Suecia	1	Brasil	1
Austria	2	España	1
Austria	1	Suecia	0
Brasil	0	España	0
Brasil	1	Austria	0
España	1	Suecia	0

	J	G	E	P	F	C	Pts
Austria	3	2	0	1	3	2	4
Brasil	3	1	2	0	2	1	4
España	3	1	1	1	2	2	3
Suecia	3	0	1	2	1	3	1

GRUPO 4

Holanda	3	Irán	0
Perú	3	Escocia	1
Escocia	1	Irán	1
Holanda	0	Perú	0
Escocia	3	Holanda	2
Perú	4	Irán	1

	J	G	E	P	F	C	Pts
Perú	3	2	1	0	7	2	5
Holanda	3	1	1	1	5	3	3
Escocia	3	1	1	1	5	6	3
Irán	3	0	1	2	2	8	1

GRUPO B

Brasil	3	Perú	0
Argentina	2	Polonia	0
Polonia	1	Perú	0
Argentina	0	Brasil	0
Brasil	3	Polonia	1
Argentina	6	Perú	0

	J	G	E	P	F	C	Pts
Argentina	3	2	1	0	8	0	5
Brasil	3	2	1	0	6	1	5
Polonia	3	1	0	2	2	5	2
Perú	3	0	0	3	0	10	0

PARTIDO DEL TERCER LUGAR

Brasil	2	Italia	1

FINAL – 25 de Junio: El Monumental, Buenos Aires

Argentina 3 Kempes (38, 105), Bertoni (115) **Holanda** 1 Nanninga (82) *Después de tiempos extra* MT: 1-0. Asistencia: 71 483. Árbitro: Gonella (Italia)

Argentina: Fillol, Ardiles (Larrosa 65), Bertoni, Gallego, Galvan, Kempes, Luque, Olguin, Ortiz (Houseman 74), Passarella, Tarantini.

Holanda: Jongbloed, Poortvliet, Krol, Jansen (Suurbier 72), Haan, R van de Kerkhof, W van de Kerkhof, Rensenbrink, Neeskens, Rep (Nanninga 59), Brandts.

Goleador del certamen: Kempes (Argentina) 6 goles

ESPAÑA 1982

Después de su regreso luego de haber estado suspendido por arreglo de partidos, Paolo Rossi convirtió seis goles, incluyendo un triplete contra Brasil, para que después de 44 años Italia consiguiera su tercer triunfo en una Copa Mundial de la FIFA. Rossi anotó dos veces en la semifinal contra Polonia y convirtió el primer gol en la final por 3-1 contra Alemania Federal, que había amarrado su plaza a la semifinal del torneo en la primera definición por penales contra Francia. Norman Whiteside se convirtió en el jugador más joven en haber participado en la ronda de finales, con 17 años y 47 días de edad, y su equipo, Irlanda del Norte, obtuvo un resonante éxito cuando batió a la anfitriona España.

Arriba: Paolo Rossi (tercero desde la izquierda) abre el marcador en la final contra Alemania Federal, en el que fue su sexto gol en el certamen de 1982.

GRUPO 1

Italia	0	Polonia	0
Perú	0	Camerún	0
Italia	1	Perú	1
Polonia	0	Camerún	0
Polonia	5	Perú	1
Italia	1	Camerún	1

	J	G	E	P	F	C	Pts
Polonia	3	1	2	0	5	1	4
Italia	3	0	3	0	2	2	3
Camerún	3	0	3	0	1	1	3
Perú	3	0	2	1	2	6	2

GRUPO 3

Bélgica	1	Argentina	0
Hungría	10	El Salvador	1
Argentina	4	Hungría	1
Bélgica	1	El Salvador	0
Bélgica	1	Hungría	1
Argentina	2	El Salvador	0

	J	G	E	P	F	C	Pts
Bélgica	3	2	1	0	3	1	5
Argentina	3	2	0	1	6	2	4
Hungría	3	1	1	1	12	6	3
El Salvador	3	0	0	3	1	13	0

GRUPO 5

España	1	Honduras	1
Yugoslavia	0	Irlanda del Norte	0
España	2	Yugoslavia	1
Honduras	1	Irlanda del Norte	1
Yugoslavia	1	Honduras	0
Irlanda del Norte	1	España	0

	J	G	E	P	F	C	Pts
Irlanda del N.	3	1	2	0	2	1	4
España	3	1	1	1	3	3	3
Yugoslavia	3	1	1	1	2	2	3
Honduras	3	0	2	1	2	3	2

GRUPO 2

Algeria	2	Alemania RF	1
Austria	1	Chile	0
Alemania RF	4	Chile	1
Austria	2	Algeria	0
Algeria	3	Chile	2
Alemania RF	1	Austria	0

	J	G	E	P	F	C	Pts
Alemania RF	3	2	0	1	6	3	4
Austria	3	2	0	1	3	1	4
Algeria	3	2	0	1	5	5	4
Chile	3	0	0	3	3	8	0

GRUPO 4

Inglaterra	3	Francia	1
Checoslovaquia	1	Kuwait	1
Inglaterra	2	Checoslovaquia	0
Francia	4	Kuwait	1
Francia	1	Checoslovaquia	1
Inglaterra	1	Kuwait	0

	J	G	E	P	F	C	Pts
Inglaterra	3	3	0	0	6	1	6
Francia	3	1	1	1	6	5	3
Checoslovaquia	3	0	2	1	2	4	2
Kuwait	3	0	1	2	2	6	1

GRUPO 6

Brasil	2	URSS	1
Escocia	5	N. Zelanda	2
Brasil	4	Escocia	1
URSS	3	N. Zelanda	0
URSS	2	Escocia	2
Brasil	4	N. Zelanda	0

	J	G	E	P	F	C	Pts
Brasil	3	3	0	0	10	2	6
URSS	3	1	1	1	6	4	3
Escocia	3	1	1	1	8	8	3
N. Zelanda	3	0	0	3	2	12	0

SEGUNDA RONDA

GRUPO 1

Polonia	3	Bélgica	0
URSS	1	Bélgica	0
Polonia	0	URSS	0

	J	G	E	P	F	C	Pts
Polonia	2	1	1	0	3	0	3
URSS	2	1	1	0	1	0	3
Bélgica	2	0	0	2	0	4	0

GRUPO 2

Alemania RF	0	Inglaterra	0
Alemania RF	2	España	1
España	0	Inglaterra	0

	J	G	E	P	F	C	Pts
Alemania RF	2	1	1	0	2	1	3
Inglaterra	2	0	2	0	0	0	2
España	2	0	1	1	1	2	1

GRUPO 3

Italia	2	Argentina	1
Brasil	3	Argentina	1
Italia	3	Brasil	2

	J	G	E	P	F	C	Pts
Italia	2	2	0	0	5	3	4
Brasil	2	1	0	1	5	4	2
Argentina	2	0	0	2	2	5	0

GRUPO 4

Francia	1	Austria	0
Austria	2	Irlanda del Norte	2
Francia	4	Irlanda del Norte	1

	J	G	E	P	F	C	Pts
Francia	2	2	0	0	5	1	4
Austria	2	0	1	1	2	3	1
Irlanda del N.	2	0	1	1	3	6	1

SEMIFINALES

Italia	2	Polonia	0
Alemania RF	3 (5)	Francia	3 (4)*

*Después de tiempos extra (penalties)

PARTIDO DEL TERCER LUGAR

Polonia	3	Francia	2

FINAL – 11 de Julio: Santiago Bernabeu, Madrid

Italia 3 Rossi (57), Tardelli (69), Altobelli (81) **Alemania RF 1** Breitner (83)
MT: 0-0. **Asistencia:** 90 000. **Árbitro:** Coelho (Brasil)
Italia: Zoff, Bergomi, Cabrini, Collovati, Gentile, Scirea, Oriali, Tardelli, Conti, Graziani (Altobelli 7; Causio 89), Rossi.
Alemania RF: Schumacher, Briegel, Breitner, Foerster, Dremmler (Hrubesch 62), Littbarski, Fischer, Rummenigge (Müeller 70), Stielike, Kaltz.
Goleador del certamen: Rossi (Italia) 6 goles

MÉXICO 1986

Argentina se coronó en un torneo dominado por el talento y astucia Diego Maradona, quien fue puesto en un pedestal junto a Pelé, luego de soberbias exhibiciones. Maradona anotó 5 veces, incluyendo el controvertido gol llamado "La mano de Dios" contra Inglaterra en los cuartos de final, en ese partido también anotó uno de los goles más grandiosos jamás visto en una Copa Mundial de la FIFA.

Un triplete contra Polonia en ese partido del Grupo F ayudó a Gary Lineker a ganar el Botín de Oro Adidas como líder goleador. Marruecos se convirtió en la primera escuadra africana en pasar la etapa inicial, terminó en primer lugar de su grupo F. El certamen también mostró por vez primera al mundo la ya clásica "ola" mexicana.

Arriba: Diego Maradona sostiene en lo alto el Trofeo de la Copa Mundial de la FIFA luego de un certamen en el cual el capitán de la Selección argentina fue la estrella del espectáculo.

GRUPO A

Bulgaria	1	Italia	1
Argentina	3	Corea del Sur	1
Italia	1	Argentina	1
Corea del Sur	1	Bulgaria	1
Italia	3	Corea del Sur	2
Argentina	2	Bulgaria	0

	J	G	E	P	F	C	Pts
Argentina	3	2	1	0	6	2	5
Italia	3	1	2	0	5	4	4
Bulgaria	3	0	2	1	2	4	2
Corea del S.	3	0	1	2	4	7	1

GRUPO B

México	2	Bélgica	1
Paraguay	1	Irak	0
México	1	Paraguay	1
Bélgica	2	Irak	1
México	1	Irak	0
Paraguay	2	Bélgica	2

	J	G	E	P	F	C	Pts
México	3	2	1	0	4	2	5
Paraguay	3	1	2	0	4	3	4
Bélgica	3	1	1	1	5	5	3
Irak	3	0	0	3	1	4	0

GRUPO C

Francia	1	Canadá	0
URSS	6	Hungría	0
Francia	1	URSS	1
Hungría	2	Canadá	0
Francia	3	Hungría	0
URSS	2	Canadá	0

	J	G	E	P	F	C	Pts
URSS	3	2	1	0	9	1	5
Francia	3	2	1	0	5	1	5
Hungría	3	1	0	2	2	9	2
Canadá	3	0	0	3	0	5	0

GRUPO D

Brasil	1	España	0
Algeria	1	Irlanda del Norte	1
Brasil	1	Algeria	0
España	2	Irlanda del Norte	1
Brasil	3	Irlanda del Norte	0
España	3	Algeria	0

	J	G	E	P	F	C	Pts
Brasil	3	3	0	0	5	0	6
España	3	2	0	1	5	2	4
Irlanda del N.	3	0	1	2	2	6	1
Algeria	3	0	1	2	1	5	1

GRUPO E

Uruguay	1	Alemania RF	1
Dinamarca	1	Escocia	0
Alemania RF	2	Escocia	1
Dinamarca	6	Uruguay	1
Dinamarca	2	Alemania RF	0
Escocia	0	Uruguay	0

	J	G	E	P	F	C	Pts
Dinamarca	3	3	0	0	9	1	6
Alemania RF	3	1	1	1	3	4	3
Uruguay	3	0	2	1	2	7	2
Escocia	3	0	1	2	1	3	1

GRUPO F

Marruecos	0	Polonia	0
Portugal	1	Inglaterra	0
Inglaterra	0	Marruecos	0
Polonia	1	Portugal	0
Portugal	3	Marruecos	3
Inglaterra	3	Polonia	0

	J	G	E	P	F	C	Pts
Marruecos	3	1	2	0	3	1	4
Inglaterra	3	1	1	1	3	1	3
Polonia	3	1	1	1	1	3	3
Portugal	3	1	0	2	2	4	2

RONDA DE 16

México	2	Bulgaria	0	
Bélgica	4	URSS	3	*
Argentina	1	Uruguay	0	
Brasil	4	Polonia	0	
Francia	2	Italia	0	
Alemania RF	1	Marruecos	0	
Inglaterra	3	Paraguay	0	
España	5	Dinamarca	1	

*Después de los tiempos extras

CUARTOS DE FINAL

Francia	1 (4)	Brasil	1 (3)*
Alemania RF	0 (4)	México	0 (1) *
Bélgica	1 (5)	España	1 (4)*
Argentina	2	Inglaterra	1

*Después de los tiempos extras (penalties)

SEMIFINALES

Argentina	2	Bélgica	0
Alemania RF	2	Francia	0

PARTIDO DEL TERCER LUGAR

Francia	4	Bélgica	2	*

*Después de los tiempos extras

FINAL – 29 de Junio: Estadio Azteca, Ciudad de México

Argentina 3 Brown (23), Valdano (56), Burruchaga (84) **Alemania RF** 2 Rummenigge (74), Voeller (81)
MT: 1-0. Asistencia: 114 600. Árbitro: Arppi Filho (Brasil)
Argentina: Pumpido, Batista, Brown, Burruchaga (Trobbiani 90), Cuciuffo, Maradona, Valdano, Enrique, Giusti, Olarticoechea, Ruggeri.
Alemania RF: Schumacher, Briegel, Brehme, Foerster, Eder, Matthaeus, Magath (Hoeness 62), Rummenigge, Berthold, Jakobs, Allofs (Voeller 45).
Goleador del certamen: Lineker (Inglaterra) 6 goles

ITALIA 1990

Alemania federal vengó su derrota contra Argentina de 4 años antes luego de que Pedro Monzón se convirtiera en el primer jugador en ser expulsado en una final de la Copa Mundial de la FIFA, antes de que Andreas Brehme convirtiera desde el punto del penal. Beckenbauer se convirtió en el segundo director técnico en haber alcanzado también el trofeo como jugador cuando su equipo ganó la competencia antes de la reunificación de las dos Alemanias. Otras remembranzas incluyen al goleador Toto Schillaci, que surgió de una relativa oscuridad hasta llegar a la cima de la lista de goleadores, y al delantero camerunés Roger Milla bailando después de anotar, así como la imagen de Paul Gascoigne llorando después de la derrota de Inglaterra en semifinales.

Derecha: El director técnico Alemania Federal (Occidental), Franz Beckenbauer se convirtió en la segunda figura en ganar una Copa Mundial de la FIFA tanto como jugador así como técnico, siguiendo a Mario Zagallo, de Brasil, quien la ganó como jugador en 1958 y 1962, y como director técnico en 1970.

GRUPO A

Italia	1	Austria	0
Checoslovaquia	5	EUA	1
Italia	1	EUA	0
Checoslovaquia	1	Austria	0
Italia	2	Checoslovaquia	0
Austria	2	EUA	1

	J	G	E	P	F	C	Pts
Italia	3	3	0	0	4	0	6
Checoslovaquia	3	2	0	1	6	3	4
Austria	3	1	0	2	2	3	2
EUA	3	0	0	3	2	8	0

GRUPO B

Camerún	1	Argentina	0
Rumania	2	URSS	0
Argentina	2	URSS	0
Camerún	2	Rumania	1
Argentina	1	Rumania	1
URSS	4	Camerún	0

	J	G	E	P	F	C	Pts
Camerún	3	2	0	1	3	5	4
Rumania	3	1	1	1	4	3	3
Argentina	3	1	1	1	3	2	3
URSS	3	1	0	2	4	4	2

GRUPO C

Brasil	2	Suecia	1
Costa Rica	1	Escocia	0
Brasil	1	Costa Rica	0
Escocia	2	Suecia	1
Brasil	1	Escocia	0
Costa Rica	2	Suecia	1

	J	G	E	P	F	C	Pts
Brasil	3	3	0	0	4	1	6
Costa Rica	3	2	0	1	3	2	4
Escocia	3	1	0	2	2	3	2
Suecia	3	0	0	3	3	6	0

GRUPO D

Colombia	2	Emiratos árabes	0
Alemania RF	4	Yugoslavia	1
Yugoslavia	1	Colombia	0
Alemania RF	5	Emiratos árabes	1
Alemania RF	1	Colombia	1
Yugoslavia	4	Emiratos árabes	1

	J	G	E	P	F	C	Pts
Alemania RF	3	2	1	0	10	3	5
Yugoslavia	3	2	0	1	6	5	4
Colombia	3	1	1	1	3	2	3
Emiratos A.	3	0	0	3	2	11	0

GRUPO E

Bélgica	2	Corea del Sur	0
Uruguay	0	España	0
Bélgica	3	Uruguay	1
España	3	Corea del Sur	1
España	2	Bélgica	1
Uruguay	1	Corea del Sur	0

	J	G	E	P	F	C	Pts
España	3	2	1	0	5	2	5
Bélgica	3	2	0	1	6	3	4
Uruguay	3	1	1	1	2	3	3
Corea del S.	3	0	0	3	1	6	0

GRUPO F

Inglaterra	1	Rep de Irlanda	1
Holanda	1	Egipto	1
Inglaterra	0	Holanda	0
Rep de Irlanda	0	Egipto	0
Inglaterra	1	Egipto	0
Rep de Irlanda	1	Holanda	1

	J	G	E	P	F	C	Pts
Inglaterra	3	1	2	0	2	1	4
Irlanda	3	0	3	0	2	2	3
Holanda	3	0	3	0	2	2	3
Egipto	3	0	2	1	1	2	2

RONDA DE 16

Camerún	2	Colombia	1	*
Checoslovaquia	4	Costa Rica	1	
Argentina	1	Brasil	0	
Alemania RF	2	Holanda	1	
Rep de Irlanda	0 (5)	Romania	0 (4)*	
Italia	2	Uruguay	0	
Yugoslavia	2	España	1	*
Inglaterra	1	Bélgica	0	*

*Después de los tiempos extras (penalties)

CUARTOS DE FINAL

Argentina	0 (3)	Yugoslavia	0 (2) *
Italia	1	Rep de Irlanda	0
Alemania RF	1	Checoslovaquia	0
Inglaterra	3	Camerún	2 *

*Después de los tiempos extras (penaltis)

SEMIFINALES

Argentina	1 (4)	Italia	1 (3)*
Alemania RF	1 (4)	Inglaterra	1 (3)*

*Después de los tiempos extras (penalties)

PARTIDO DEL TERCER LUGAR

Italia	2	Inglaterra	1

FINAL – 8 de Julio: Estadio Olímpico, Roma

Alemania RF 1   Brehme (85 pen)   **Argentina** 0
MT: 0-0. Asistencia: 73 603. Árbitro: Codesal Méndez (México).
Alemania RF: Illgner, Brehme, Kohler, Augenthaler, Buchwald, Littbarski, Haessler, Voeller, Matthaeus, Berthold (Reuter 73), Klinsmann.
Argentina: Goycochea, Basualdo, Burruchaga (Calderón 53), Dezotti, Maradona, Lorenzo, Sensini, Serrizuela, Ruggeri (Monzón 45), Simon, Troglio. **Expulsados:** Monzón (65), Dezotti (87).
Goleador del certamen: Schillaci (Italia) 6 goles

ESTADOS UNIDOS 1994

Estados Unidos montó un espectáculo sensacional observado por una cifra récord de 3 587 538 aficionados al fútbol, lo que implicó que los 52 partidos del torneo tuvieron un promedio de asistencia de 69 000 espectadores. Se marcaron muchos goles, aunque la final defraudó las expectativas en el Rose Bowl de Pasadena, con Brasil superando a Italia en la primera final decidida por penales, donde Roberto Baggio disparó por encima del travesaño.

Bulgaria fue el equipo sorpresa, derrotando a Alemania en su camino a las semifinales, pero el certamen se vio tristemente empañado porque el defensor Andrés Escobar fue asesinado a su regreso a su tierra, Colombia, después de anotar un gol en contra en la derrota de su equipo por parte de los anfitriones.

Derecha: Los jugadores de Brasil inician sus festejos en Pasadena luego de que la falla de Roberto Baggio en su tiro penal les diera su cuarto triunfo en una Copa Mundial de la FIFA, en la primera final en ser decidida en penales.

GRUPO A

EUA	1	Suiza	1
Rumania	3	Colombia	1
Suiza	4	Rumania	1
EUA	2	Colombia	1
Rumania	1	EUA	0
Colombia	2	Suiza	0

	J	G	E	P	F	A	Pts
Rumania	3	2	0	1	5	5	6
Suiza	3	1	1	1	5	4	4
EUA	3	1	1	1	3	3	4
Colombia	3	1	0	2	4	5	3

GRUPO B

Camerún	2	Suecia	2
Brasil	2	Rusia	0
Brasil	3	Camerún	0
Suecia	3	Rusia	1
Rusia	6	Camerún	1
Brasil	1	Suecia	1

	J	G	E	P	F	A	Pts
Brasil	3	2	1	0	6	1	7
Suecia	3	1	2	0	6	4	5
Rusia	3	1	0	2	7	6	3
Camerún	3	0	1	2	3	11	1

GRUPO C

Alemania	1	Bolivia	0
España	2	Corea del Sur	2
Alemania	1	España	1
Corea del Sur	0	Bolivia	0
España	3	Bolivia	1
Alemania	3	Corea del Sur	2

	J	G	E	P	F	A	Pts
Alemania	3	2	1	0	5	3	7
España	3	1	2	0	6	4	5
Corea del S.	3	0	2	1	4	5	2
Bolivia	3	0	1	2	1	4	1

GRUPO D

Argentina	4	Grecia	0
Nigeria	3	Bulgaria	0
Argentina	2	Nigeria	1
Bulgaria	4	Grecia	0
Nigeria	2	Grecia	0
Bulgaria	2	Argentina	0

	J	G	E	P	F	A	Pts
Nigeria	3	2	0	1	6	2	6
Bulgaria	3	2	0	1	6	3	6
Argentina	3	2	0	1	6	3	6
Grecia	3	0	0	3	0	10	0

GRUPO E

Rep de Irlanda	1	Italia	0
Noruega	1	México	0
Italia	1	Noruega	0
México	2	Rep de Irlanda	1
Rep de Irlanda	0	Noruega	0
Italia	1	México	1

	J	G	E	P	F	A	Pts
México	3	1	1	1	3	3	4
R. de Irlanda	3	1	1	1	2	2	4
Italia	3	1	1	1	2	2	4
Noruega	3	1	1	1	1	1	4

GRUPO F

Bélgica	1	Marruecos	0
Holanda	2	Arabia Saudita	1
Bélgica	2	Holanda	0
Arabia Saudita	2	Marruecos	1
Holanda	2	Marruecos	1
Arabia Saudita	1	Bélgica	0

	J	G	E	P	F	A	Pts
Holanda	3	2	0	1	4	3	6
Arabia S.	3	2	0	1	4	3	6
Bélgica	3	2	0	1	2	1	6
Marruecos	3	0	0	3	2	5	0

RONDA DE 16

Alemania	3	Bélgica	2	
España	3	Suiza	0	
Suecia	3	Arabia S.	1	
Romania	3	Argentina	2	
Holanda	2	R. de Irlanda	0	
Brasil	1	EUA	0	
Italia	2	Nigeria	1	*
Bulgaria	1 (3)	México	1 (1)	*

*Después de los tiempos extras (penaltis)

CUARTOS DE FINAL

Italia	2	España	1
Brasil	3	Holanda	2
Bulgaria	2	Alemania	1
Suecia	2 (5)	Romania	2 (4)*

*Después de los tiempos extras (penaltis)

SEMIFINALES

Italia	2	Bulgaria	1
Brasil	1	Suecia	0

PARTIDO DEL TERCER LUGAR

Suecia	4	Bulgaria	0

FINAL – 17 de Julio: Rose Bowl, Pasadena

Brasil 0 (3) **Italia** 0 (2) Después de los tiempos extras (penaltis)
MT: 0-0. Asistencia: 94 194. Árbitro: Puhl (Hungría)
Brasil: Taffarel, Jorginho (Cafu 21), Mauro Silva, Branco, Bebeto, Dunga, Zinho (Viola 106), Romario, Aldair, Marcio Santos, Mazinho.
Italia: Pagliuca, Benarrivo, Maldini, Baresi, Mussi (Apolloni 34), R Baggio, Albertini, D Baggio (Evani 95), Berti, Donadoni, Massaro.
Top scorers: Salenko (Rusia), Stoichkov (Bulgaria) 6 goles

Izquierda: Los seis goles del capitán de Croacia, Davor Suker, le hicieron acreedor al Botín de Oro de Adidas como goleador del torneo, mientras que su equipo obtuvo la tercera posición en su primera participación en las finales de Copa Mundial de la FIFA.

FRANCIA 1998

La ronda de finales de la Copa del Mundo de la FIFA por vez primer dio cabida a 32 equipos, incluyendo equipos de África, Asia y de la CONCACAF, los anfitriones, aseguraron el éxito en esta etapa inaugural, ya que el trofeo quedó en la tierra natal de la figura señera de este torneo, Jules Rimet. En las rondas eliminatorias, los bleus vencieron a Paraguay gracias al denominado "gol de oro", descarrilaron a Italia en penales y a Croacia antes de aplastar a Brasil 3-0 en la final gracias a un doblete de Zidane.Suker, de Croacia, fue el líder goleador del torneo, mientras que en un encuentro brillante a pesar de un maravilloso gol de Michael Owen, Inglaterra perdió con Argentina en penales, Beckham fue expulsado en ese encuentro.

GRUPO A

Brasil	2	Escocia	1
Marruecos	2	Noruega	2
Escocia	1	Noruega	1
Brasil	3	Marruecos	0
Marruecos	3	Escocia	0
Noruega	2	Brasil	1

	J	G	E	P	F	C	Pts
Brasil	3	2	0	1	6	3	6
Noruega	3	1	2	0	5	4	5
Marruecos	3	1	1	1	5	5	4
Escocia	3	0	1	2	2	6	1

GRUPO B

Camerún	1	Austria	1
Italia	2	Chile	2
Chile	1	Austria	1
Italia	3	Camerún	0
Italia	2	Austria	1
Chile	1	Camerún	1

	J	G	E	P	F	C	Pts
Italia	3	2	1	0	7	3	7
Chile	3	0	3	0	4	4	3
Austria	3	0	2	1	3	4	2
Camerún	3	0	2	1	2	5	2

GRUPO C

Dinamarca	1	Arabia Saudita	0
Francia	3	Sudáfrica	0
Francia	4	Arabia Saudita	0
Sudáfrica	1	Dinamarca	1
Francia	2	Dinamarca	1
Sudáfrica	2	Arabia Saudita	2

	J	G	E	P	F	C	Pts
Francia	3	3	0	0	9	1	9
Dinamarca	3	1	1	1	3	3	4
Sudáfrica	3	0	2	1	3	6	2
Arabia S.	3	0	1	2	2	7	1

GRUPO D

Paraguay	0	Bulgaria	0
Nigeria	3	España	2
Nigeria	1	Bulgaria	0
España	0	Paraguay	0
España	6	Bulgaria	1
Paraguay	3	Nigeria	1

	J	G	E	P	F	C	Pts
Nigeria	3	2	0	1	5	5	6
Paraguay	3	1	2	0	3	1	5
España	3	1	1	1	8	4	4
Bulgaria	3	0	1	2	1	7	1

GRUPO E

Holanda	0	Bélgica	0
México	3	Corea del Sur	1
Holanda	5	Corea del Sur	0
Bélgica	2	México	2
Bélgica	1	Corea del Sur	1
Holanda	2	México	2

	J	G	E	P	F	C	Pts
Holanda	3	1	2	0	7	2	5
México	3	1	2	0	7	5	5
Bélgica	3	0	3	0	3	3	3
Corea del S.	3	0	1	2	2	9	1

GRUPO F

Yugoslavia	1	Irán	0
Alemania	2	EUA	0
Alemania	2	Yugoslavia	2
Irán	2	EUA	1
Alemania	2	Irán	0
Yugoslavia	1	EUA	0

	J	G	E	P	F	C	Pts
Alemania	3	2	1	0	6	2	7
Yugoslavia	3	2	1	0	4	2	7
Irán	3	1	0	2	2	4	3
EUA	3	0	0	3	1	5	0

GRUPO G

Rumania	1	Colombia	0
Inglaterra	2	Túnez	0
Colombia	1	Túnez	0
Rumania	2	Inglaterra	1
Rumania	1	Túnez	1
Inglaterra	2	Colombia	0

	J	G	E	P	F	C	Pts
Rumania	3	2	1	0	4	2	7
Inglaterra	3	2	0	1	5	2	6
Colombia	3	1	0	2	1	3	3
Túnez	3	0	1	2	1	4	1

GRUPO H

Croacia	3	Jamaica	1
Argentina	1	Japón	0
Croacia	1	Japón	0
Argentina	5	Jamaica	0
Jamaica	2	Japón	1
Argentina	1	Croacia	0

	J	G	E	P	F	A	Pts
Argentina	3	3	0	0	7	0	9
Croacia	3	2	0	1	4	2	6
Jamaica	3	1	0	2	3	9	3
Japón	3	0	0	3	1	4	0

RONDA DE 16

Brasil	4	Chile	1	
Italia	1	Noruega	0	
Dinamarca	4	Nigeria	1	
Francia	1	Paraguay	0	*
Alemania	2	México	1	
Holanda	2	Yugoslavia	1	
Argentina	2 (4)	Inglaterra	2 (3)*	
Croacia	1	Rumania	0	

*Después de los tiempos extras (penaltis)

CUARTOS DE FINAL

Francia	0 (4)	Italia	0 (3) *
Brasil	3	Dinamarca	2
Croacia	3	Alemania	0
Holanda	2	Argentina	1

*Después de los tiempos extras (penaltis)

SEMIFINALES

Brasil	1 (4)	Holanda	1 (2)*
Francia	2	Croacia	1

*Después de los tiempos extras (penaltis)

PARTIDO DEL TERCER LUGAR

Croacia	2	Holanda	1

FINAL – 12 de Julio: Estadio de Francia, París

Francia 3 Zidane (27, 45), Petit (90) **Brasil 0**
MT: 2-0. Asistencia: 80 000. **Árbitro:** Belqola (Marruecos)
Francia: Barthez, Lizarazu, Djorkaeff (Vieira 74), Deschamps, Desailly, Guivarc'h (Dugarry 66), Zidane, Thuram, Petit, Leboeuf, Karembeu (Boghossian 57). **Expulsado:** Desailly 68.
Brasil: Taffarel, Cafu, Aldair, Junior Baiano, Cesar Sampaio (Edmundo 73), Roberto Carlos, Dunga, Ronaldo, Rivaldo, Leonardo (Denilson 46), Bebeto.
Goleador del certamen: Suker (Croacia) 6 goles

Izquierda: Ronaldo posa sus manos sobre el Trofeo de la Copa Mundial de la FIFA después de haber anotado los dos goles de la final, llevando su marca a ocho en el torneo, lo que le valió el Botín de Oro Adidas.

COREA/JAPÓN 2002

Asia albergó la Copa del Mundo de la FIFA por primera vez, con Brasil llegando al récord de la obtención de su quinto torneo luego de que Ronaldo anotara ambos goles para vencer a Alemania en el partido decisivo.

El torneo comenzó con varios resultados sorpresivos, tal como la victoria de Senegal sobre los defensores del trofeo, Francia en el juego de apertura, en tanto que los destacados Argentina y Portugal también fallaron en pasar a la siguiente ronda, y se quedaron en la etapa de grupos.

Los coanfitriones alcanzaron las fases de eliminación directa, y la República de Corea llegó bien lejos, hasta el cuarto puesto, dejando en el camino a Italia y España, antes de perder sorpresivamente con Turquía en las semifinales.

GRUPO A

Senegal	1	Francia	0
Dinamarca	2	Uruguay	1
Francia	0	Uruguay	0
Dinamarca	1	Senegal	1
Dinamarca	2	Francia	0
Senegal	3	Uruguay	3

	J	G	E	P	F	C	Pts
Dinamarca	3	2	1	0	5	2	7
Senegal	3	1	2	0	5	4	5
Uruguay	3	0	2	1	4	5	2
Francia	3	0	1	2	0	3	1

GRUPO B

Paraguay	2	Sudáfrica	2
España	3	Eslovenia	1
España	3	Paraguay	1
Sudáfrica	1	Eslovenia	0
España	3	Sudáfrica	2
Paraguay	3	Eslovenia	1

	J	G	E	P	F	C	Pts
España	3	3	0	0	9	4	9
Paraguay	3	1	1	1	6	6	4
Sudáfrica	3	1	1	1	5	5	4
Eslovenia	3	0	0	3	2	7	0

GRUPO C

Brasil	2	Turquía	1
Costa Rica	2	China PR	0
Brasil	4	China PR	0
Costa Rica	1	Turquía	1
Brasil	5	Costa Rica	2
Turquía	3	China PR	0

	J	G	E	P	F	C	Pts
Brasil	3	3	0	0	11	3	9
Turquía	3	1	1	1	5	3	4
Costa Rica	3	1	1	1	5	6	4
China PR	3	0	0	3	0	9	0

GRUPO D

Corea del Sur	2	Polonia	0
EUA	3	Portugal	2
Corea del Sur	1	EUA	1
Portugal	4	Polonia	0
Corea del Sur	1	Portugal	0
Polonia	3	EUA	1

	J	G	E	P	F	C	Pts
Korea Rep	3	2	1	0	4	1	7
EUA	3	1	1	1	5	6	4
Portugal	3	1	0	2	6	4	3
Polonia	3	1	0	2	3	7	3

GRUPO E

Rep de Irlanda	1	Camerún	1
Alemania	8	Arabia Saudita	0
Alemania	1	Rep de Irlanda	1
Camerún	1	Arabia Saudita	0
Alemania	2	Camerún	0
Rep de Irlanda	3	Arabia Saudita	0

	J	G	E	P	F	C	Pts
Alemania	3	2	1	0	11	1	7
R. de Irlanda	3	1	2	0	5	2	5
Camerún	3	1	1	1	2	3	4
Arabia S.	3	0	0	3	0	12	0

GRUPO F

Inglaterra	1	Suecia	1
Argentina	1	Nigeria	0
Suecia	2	Nigeria	1
Inglaterra	1	Argentina	0
Suecia	1	Argentina	1
Nigeria	0	Inglaterra	0

	J	G	E	P	F	C	Pts
Suecia	3	1	2	0	4	3	5
Inglaterra	3	1	2	0	2	1	5
Argentina	3	1	1	1	2	2	4
Nigeria	3	0	1	2	1	3	1

GRUPO G

México	1	Croacia	0
Italia	2	Ecuador	0
Croacia	2	Italia	1
México	2	Ecuador	1
México	1	Italia	1
Ecuador	1	Croacia	0

	J	G	E	P	F	C	Pts
México	3	2	1	0	4	2	7
Italia	3	1	1	1	4	3	4
Croacia	3	1	0	2	2	3	3
Ecuador	3	1	0	2	2	4	3

GRUPO H

Japón	2	Bélgica	2
Rusia	2	Túnez	0
Japón	1	Rusia	0
Túnez	1	Bélgica	1
Japón	2	Túnez	0
Bélgica	3	Rusia	2

	J	G	E	P	F	C	Pts
Japón	3	2	1	0	5	2	7
Bélgica	3	1	2	0	6	5	5
Rusia	3	1	0	2	4	4	3
Túnez	3	0	1	2	1	5	1

RONDA DE 16

Alemania	1	Paraguay	0	
Inglaterra	3	Dinamarca	0	
Senegal	2	Suecia	1	*
España	1 (3)	Rep de Irlanda	1 (2)	*
EUA	2	México	0	
Brasil	2	Bélgica	0	
Turquía	1	Japón	0	
Corea del Sur	2	Italia	1	*

Después de los tiempos extras (penaltis)

CUARTOS DE FINAL

Brasil	2	Inglaterra	1	
Alemania	1	EUA	0	
Corea del Sur	0 (5)	España	0 (3)	*
Turquía	1	Senegal	0	*

Después de los tiempos extras (penaltis)

SEMIFINALES

Alemania	1	Corea del Sur	0
Brasil	1	Turquía	0

PARTIDO DEL TERCER LUGAR

Turquía	3	Corea del Sur	2

FINAL – 30 de Junio: Estadio Internacional, Yokohama

Brasil 2 Ronaldo (67, 79) **Alemania 0**
MT: 0-0. Asistencia: 69 029. Árbitro: Collina (Italia)
Brasil: Marcos, Edmilson, Lucio, Roque Junior, Cafu, Kleberson, Gilberto Silva, Roberto Carlos, Ronaldinho (Juninho Paulista 85), Rivaldo, Ronaldo (Denilson 90).
Alemania: Kahn, Linke, Ramelow, Metzelder, Frings, Schneider, Jeremies (Asamoah 77), Hamann, Bode (Ziege 84), Neuville, Klose (Bierhoff 74).
Goleador del certamen: Ronaldo (Brasil) 8 goles

Izquierda: Zinedine Zidane coloca adelante a su equipo de manera temprana con un tiro penal en el partido final, pero la Copa Mundial de la FIFA terminaría de mala manera para el capitán francés.

ALEMANIA 2006

Italia consiguió su cuarto triunfo en el torneo de una forma dramática cuando venció a en la final a Francia por penales en el Estadio Olímpico de Berlín, habiendo dejado fuera a los anfitriones, Alemania, en tiempo extra en las semifinales.

Los azzurri edificaron su éxito basándose en un soberbio esfuerzo defensivo que los vio conceder sólo dos goles en todo el campeonato, con el portero Gianluigi Buffon batido sólo por un autogol y un tiro libre penal de Zinedine Zidane; el cual recibió el trofeo del Botín de Oro Adidas, aunque el magnífico jugador de 33 años finalizó su sorprendente carrera cuando fue expulsado en el partido decisivo, en tanto el Brasileño Ronaldo anotó su 15to gol en una Copa Mundial de la FIFA.

GRUPO A

Alemania	4	Costa Rica	2
Ecuador	2	Polonia	0
Alemania	1	Polonia	0
Ecuador	3	Costa Rica	0
Alemania	3	Ecuador	0
Polonia	2	Costa Rica	1

	J	G	E	P	F	C	Pts
Alemania	3	3	0	0	8	2	9
Ecuador	3	2	0	1	5	3	6
Polonia	3	1	0	2	2	4	3
Costa Rica	3	0	0	3	3	9	0

GRUPO B

Inglaterra	1	Paraguay	0
Trinidad & Tobago	0	Suecia	0
Inglaterra	2	Trinidad & Tobago	0
Suecia	1	Paraguay	0
Suecia	2	Inglaterra	2
Paraguay	2	Trinidad & Tobago	0

	J	G	E	P	F	C	Pts
Inglaterra	3	2	1	0	5	2	7
Suecia	3	1	2	0	3	2	5
Paraguay	3	1	0	2	2	2	3
Trinidad & T	3	0	1	2	0	4	1

GRUPO C

Argentina	2	Costa de Marfil	1
Holanda	1	Serbia & Montenegro	0
Argentina	6	Serbia & Montenegro	0
Holanda	2	Costa de Marfil	1
Holanda	0	Argentina	0
Costa de Marfil	3	Serbia & Montenegro	2

	J	G	E	P	F	C	Pts
Argentina	3	2	1	0	8	1	7
Holanda	3	2	1	0	3	1	7
Cost. de Marfil	3	1	0	2	5	6	3
Serbia & M	3	0	0	3	2	10	0

GRUPO D

México	3	Irán	1
Portugal	1	Angola	0
México	0	Angola	0
Portugal	2	Irán	0
Portugal	2	México	1
Irán	1	Angola	1

	J	G	E	P	F	C	Pts
Portugal	3	3	0	0	5	1	9
México	3	1	1	1	4	3	4
Angola	3	0	2	1	1	2	2
Irán	3	0	1	2	2	6	1

GRUPO E

Italia	2	Ghana	0
República Checa	3	EUA	0
Italia	1	EUA	1
Ghana	2	República Checa	0
Italia	2	República Checa	0
Ghana	2	EUA	1

	J	G	E	P	F	C	Pts
Italia	3	2	1	0	5	1	7
Ghana	3	2	0	1	4	3	6
Rep. Checa	3	1	0	2	3	4	3
EUA	3	0	1	2	2	6	1

GRUPO F

Brasil	1	Croacia	0
Australia	3	Japón	1
Brasil	2	Australia	0
Japón	0	Croacia	0
Brasil	4	Japón	1
Croacia	2	Australia	2

	J	G	E	P	F	C	Pts
Brasil	3	3	0	0	7	1	9
Australia	3	1	1	1	5	5	4
Croacia	3	0	2	1	2	3	2
Japón	3	0	1	2	2	7	1

GRUPO G

Francia	0	Suiza	0
Corea del Sur	2	Togo	1
Francia	1	Corea del Sur	1
Suiza	2	Togo	0
Francia	2	Togo	0
Suiza	2	Corea del Sur	0

	J	G	E	P	F	C	Pts
Suiza	3	2	1	0	4	0	7
Francia	3	1	2	0	3	1	5
Corea del S.	3	1	1	1	3	4	4
Togo	3	0	0	3	1	6	0

GRUPO H

España	4	Ucrania	0
Túnez	2	Arabia Saudita	2
España	3	Túnez	1
Ucrania	4	Arabia Saudita	0
España	1	Arabia Saudita	0
Ucrania	1	Túnez	0

	J	G	E	P	F	C	Pts
España	3	3	0	0	8	1	9
Ucrania	3	2	0	1	5	4	6
Túnez	3	0	1	2	3	6	1
Arabia S.	3	0	1	2	2	7	1

RONDA DE 16

Alemania	2	Suecia	0	
Argentina	2	México	1	*
Inglaterra	1	Ecuador	0	
Portugal	1	Holanda	0	
Italia	1	Australia	0	
Ucrania	0 (3)	Suiza	0 (0)*	
Brasil	3	Ghana	0	
Francia	3	España	1	

*Después de los tiempos extras (penaltis)

CUARTOS DE FINAL

Alemania	1 (4)	Argentina	1 (2)*
Italia	3	Ucrania	0
Portugal	0 (3)	Inglaterra	0 (1) *
Francia	1	Brasil	0

*Después de los tiempos extras (penaltis)

SEMIFINALES

Italia	2	Alemania	0	*
Francia	1	Portugal	0	

*Después de los tiempos extras

PARTIDO DEL TERCER LUGAR

Alemania	3	Portugal	1

FINAL – 9 de Julio: Estadio Olímpico, Berlín

Italia 1 (5) Materazzi 19 **Francia 1 (3)** Zidane (7, pen) Después de los tiempos extras (penalties)
MT: 1-1. Asistencia: 69 000. Árbitro: Elizondo (Argentina)
Italia: Buffon, Grosso, Cannavaro, Gattuso, Toni, Totti (De Rossi 61) Camoranesi (Del Piero 86), Zambrotta, Perrotta (Iaquinta 61), Pirlo, Materazzi.
Francia: Barthez, Abidal, Vieira (Diarra 56), Gallas, Makelele, Malouda, Zidane, Henry (Wiltord 107), Thuram, Sagnol, Ribery (Trezeguet 100). **Expulsado:** Zidane (110).
Goleador del certamen: Klose (Alemania) 5 goles

Izquierda: Diego Forlán celebra luego de anotar el primer gol de Uruguay durante la semifinal de la Copa Mundial de la FIFA contra Holanda en el Green Point Stadium de Ciudad del Cabo, partido que finalmente ganaron los holandeses por 3-2.

Derecha: El portero Iker Casillas levanta el Trofeo de la Copa Mundial de la FIFA luego de que España batiera a Holanda en tiempos extra en la final de 2010 de Sudáfrica.

SUDÁFRICA 2010

España finalizó con la larga espera por ser campeona de la Copa Mundial de la FIFA al derrotar a Holanda por 1-0 en la final en el Estadio Soccer City, con un gol conseguido por Iniesta. El resultado confirmó a España como el tercer país en ser Campeón Europeo y de la Copa Mundial de la FIFA de manera simultánea.

Sudáfrica hizo un gran trabajo en la organización de la primera Copa Mundial de la FIFA realizada en África. Casi llega un equipo africano a las semifinales, de no ser por la derrota de Ghana contra Uruguay.

España perdió con Suiza en su primer partido, luego sólo admitieron un gol en seis partidos y, anotaron ocho. Alemania se vio fuerte, venció a Inglaterra 4-1 en octavos de final, terminaron en el tercer lugar luego de ser eliminados por España en semifinales. Los anfitriones empataron con México y vencieron a Francia, pero quedaron eliminados en la fase de grupos por menor diferencia de gol que México.

GRUPO A

Sudáfrica	1	México	1
Uruguay	0	Francia	0
Uruguay	3	Sudáfrica	0
México	2	Francia	0
Uruguay	1	México	0
Sudáfrica	2	Francia	1

	J	G	E	P	F	C	Pts
Uruguay	3	2	1	0	4	0	7
México	3	1	1	1	3	2	4
Sudáfrica	3	1	1	1	3	5	4
Francia	3	0	1	2	1	4	1

GRUPO B

Argentina	1	Nigeria	0
Corea del Sur	2	Grecia	0
Grecia	2	Nigeria	1
Argentina	4	Corea del Sur	1
Nigeria	2	Corea del Sur	2
Argentina	2	Grecia	0

	J	G	E	P	F	C	Pts
Argentina	3	3	0	0	7	1	9
Corea del S.	3	1	1	1	5	6	4
Grecia	3	1	0	2	2	5	3
Nigeria	3	0	1	2	3	5	1

GRUPO C

Inglaterra	1	EUA	1
Eslovenia	1	Algeria	0
Eslovenia	2	EUA	2
Inglaterra	0	Algeria	0
Inglaterra	1	Eslovenia	0
EUA	1	Algeria	0

	J	G	E	P	F	C	Pts
EUA	3	1	2	0	4	3	5
Inglaterra	3	1	2	0	2	1	5
Eslovenia	3	1	1	1	3	3	4
Algeria	3	0	1	2	0	2	1

GRUPO D

Alemania	4	Australia	0
Ghana	1	Serbia	0
Serbia	1	Alemania	0
Ghana	1	Australia	1
Alemania	1	Ghana	0
Australia	2	Serbia	1

	J	G	E	P	F	C	Pts
Alemania	3	2	0	1	5	1	6
Ghana	3	1	1	1	2	2	4
Australia	3	1	1	1	3	6	4
Serbia	3	1	0	2	2	3	3

GRUPO E

Holanda	2	Dinamarca	0
Japón	1	Camerún	0
Holanda	1	Japón	0
Dinamarca	2	Camerún	1
Japón	3	Dinamarca	1
Holanda	2	Camerún	1

	J	G	E	P	F	C	Pts
Holanda	3	3	0	0	5	1	9
Japón	3	2	0	1	4	2	6
Dinamarca	3	1	0	2	3	6	3
Camerún	3	0	0	3	2	5	0

GRUPO F

Italia	1	Paraguay	1
Nueva Zelanda	1	Eslovaquia	1
Paraguay	2	Eslovaquia	0
Italia	1	Nueva Zelanda	1
Eslovaquia	3	Italia	2
Paraguay	0	Nva Zelanda	0

	J	G	E	P	F	C	Pts
Paraguay	3	1	2	0	3	1	5
Eslovaquia	3	1	1	1	4	5	4
Nva Zelanda	3	0	3	0	2	2	3
Italia	3	0	2	1	4	5	2

GRUPO G

Costa de Marfil	0	Portugal	0
Brasil	2	Corea del S.	1
Brasil	3	Costa de Marfil	1
Portugal	7	Corea del S.	0
Portugal	0	Brasil	0
Costa de Marfil	3	Corea del S.	0

	J	G	E	P	F	C	Pts
Brasil	3	2	1	0	5	2	7
Portugal	3	1	2	0	7	0	5
C. de Marfil	3	1	1	1	4	3	4
Corea del S.	3	0	0	3	1	12	0

GRUPO H

Chile	1	Honduras	0
Suiza	1	España	0
Chile	1	Suiza	0
España	2	Honduras	0
España	2	Chile	1
Suiza	0	Honduras	0

	J	G	E	P	F	C	Pts
España	3	2	0	1	4	2	6
Chile	3	2	0	1	3	2	6
Suiza	3	1	1	1	1	1	4
Honduras	3	0	1	2	0	3	1

RONDA DE 16

Uruguay	2	Corea del Sur	1	
Ghana	2	EUA	1	*
Alemania	4	Inglaterra	1	
Argentina	3	México	1	
Holland	2	Eslovaquia	1	
Brasil	3	Chile	0	
Paraguay	0 (5)	Japón	0 (3)*	
España	1	Portugal	0	

*Después de los tiempos extras (penaltis)

CUARTOS DE FINAL

Holanda	2	Brasil	1
Uruguay	1 (4)	Ghana	1 (2)*
Alemania	4	Argentina	0
España	1	Paraguay	0

*Después de los tiempos extras (penaltis)

SEMI-FINALES

Holanda	3	Uruguay	2
España	1	Alemania	0

PARTIDO DEL TERCER LUGAR

Alemania	3	Uruguay	2

FINAL – 11 de Julio: Soccer City Stadium, Johannesburg

España 1   Iniesta (116)   **Holanda** 0   *Después de los tiempos extras
MT: 0-0. Asistencia: 84 490. Árbitro: Webb (Inglaterra)
España: Casillas, Piqué, Puyol, Iniesta, Villa (Torres 106), Xavi, Capdevila, Alonso (Fabregas 87), Ramos, Busquets, Pedro (Navas 60).
Holanda: Stekelenburg, van der Wiel, Heitinga, Mathijsen, van Bronckhorst, van Bommel, Kuyt (Elia 71), de Jong (van der Vaart 99), van Persie, Robben. **Expulsado:** Heitinga (109)
Goleador del certamen: Forlan (Uruguay), Mueller (Alemania), Sneijder (Holanda), Villa (España) 5 goles

REGISTROS DE LA COPA MUNDIAL FIFA™

Todas las finales de la Copa Mundial de la FIFA han ofrecido a jugadores, equipos y directores técnicos la posibilidad de obtener un lugar en los libros de historia, y quienes tendrán la suerte de estar presentes en 2014 en Brasil apuntarán a conseguir lo mismo. Para abrir nuevos campos con hazañas que nunca se han conseguido antes, o simplemente para hacer historia con su presencia en el torneo, no hay mejor momento que éste para que un jugador lo haga. El mundo estará observando.

El jugador alemán Lothar Matthäus ha jugado en cinco ediciones de la Copa Mundial de la FIFA y ha tenido más participaciones en las rondas de finales que ningún otro futbolista.

FIFA WORLD CUP
Brasil

REGISTROS DE LOS EQUIPOS

Algunos equipos son presencias habituales en el escenario mayor del fútbol y ocho de ellos han experimentado la emoción de verse coronados como los mejores equipos del mundo, en tanto que otros han tenido la oportunidad de asegurarse un lugar en los libros de historia por sus logros especiales.

● LA AYUDA DE SER LOCALES

Las naciones anfitrionas han ganado la Copa Mundial de la FIFA en seis ocasiones, la última fue Francia en 1998, cuando los locales se coronaron campeones por primera vez en su historia. Brasil puede recibir un impresionante apoyo en 2014 cuando busque levantar el trofeo frente a sus aficionados locales por vez primera en su historia, en la otra ocasión que organizaron el evento en 1950 fueron subcampeones. Suecia también perdió la final de 1958 en Solna, habiendo fascinado al mundo futbolístico.

● ESTRELLAS DE LA SAMBA

Brasil posee, a la fecha, el récord para las competencias de los torneos de la Copa Mundial de la FIFA, ha participado en las 19 ediciones desde el evento inaugural disputado en Uruguay en 1930. Italia y Alemania son los siguientes, en tanto que Argentina, y México han competido en 15 y 14 torneos respectivamente. Brasil ha alcanzado un total de siete finales –sólo quedando eliminado en 1950 y 1998– y también ganó más encuentros que cualquier otra nación (67).

Arriba: El triunfo de Brasil sobre Alemania en la Copa Mundial de la FIFA 2002 estableció el récord de cinco triunfos. Este año, los anfitriones serán el único país en haber disputado todas las ediciones de la competencia y además ostentan el récord de más partidos ganados.

● SIN AYUDA EXTRANJERA

Ningún país ha ganado la Copa Mundial de la FIFA bajo la guía de un director técnico extranjero, con 18 entrenadores nacionales que llevaron a su tierra natal a la gloria. En las 19 ediciones del torneo, sólo Vittorio Pozzo ganó el trofeo dos veces, llevando a la Gloria a Italia en 1934 y 1938. En tanto que Brasil y Alemania son los únicos dos países que contaron con jugadores y técnicos que fueron a la vez campeones. Mario Zagallo jugó por Brasil en 1958 y 1962, antes de coronar a su equipo en 1970; por su parte, Franz Beckenbauer capitaneó a Alemania en 1974 y luego triunfó en 1990 como director técnico.

GANADORES DE LA COPA MUNDIAL DE LA FIFA™

Títulos	País	Años
5	Brasil	1958, 1962, 1970, 1994, 2002
4	Italia	1934, 1938, 1982, 2006
3	Alemania	1954, 1974, 1990
2	Argentina	1978, 1986
2	Uruguay	1930, 1950
1	Inglaterra	1966
1	Francia	1998
1	España	2010

PRESENCIA EN LAS FINALES DE LA COPA MUNDIAL FIFA™

País	Presencias
Brasil	7
Alemania	7
Italia	6
Argentina	4
Holanda	3
Checoslovaquia	2
Francia	2
Hungría	2
Uruguay	2
Inglaterra	1
España	1
Suecia	1

Derecha: Laurent Blanc, de Francia, festeja la anotación del primer "gol de oro" que definió un encuentro de la Copa Mundial de la FIFA, contra Paraguay en 1998.

● EUROPA POR DELANTE

La final de 1930 no sólo se recuerda como una obra maestra de la primera Copa Mundial de la FIFA, sino que también sigue siendo la única en la que no participó al menos un equipo europeo. Uruguay Triunfó 4-2 sobre Argentina en Montevideo para coronarse como el primer campeón, pero luego existieron ocho finales completamente europeas, incluyendo las dos últimas de 2006 y 2010. La final de la Copa Mundial de la FIFA de 1950 no se jugó como un único partido, sino en una ronda de cuatro equipos entre Brasil, Uruguay, España y Suecia. El éxito de España en 2010 significa que ahora Europa ha superado a Sudamérica por 10-9 en finales ganadas en la Copa Mundial de la FIFA, pero ninguna ocurrió en Sudamérica.

● LA SÓLIDA DEFENSA SUIZA

Suiza estableció un récord único al quedar eliminada en 2006 en la segunda fase –sin conceder un solo gol en todos los cuatro partidos que disputó. Los suizos obtuvieron un empate sin goles frente a Francia en el juego de apertura antes de obtener dos victorias por 2-0 frente a Togo y la República de Corea para encabezar su grupo. Luego se enfrentaron a Ucrania en las etapas de eliminación directa, pero quedaron eliminados por penales luego de un empate a cero goles.

● PRIMERAS VECES PARA FRANCIA

Francia mantiene una relación especial con la Copa Mundial de la FIFA, jugaron contra México el primer partido en 1930, Lucien Laurent tuvo el honor de anotar el primer gol del torneo inaugural. Cuatro años más tarde, los Bleus tuvieron la ocasión de jugar el primer encuentro que se definió en tiempos extra contra Austria, en tanto que su partido contra Alemania en 1982 fue el primero que se definió en penales. Finalmente, en su camino al título en 1998, Laurent Blanc estableció un nuevo récord al convertirse en el primer jugador en anotar un "gol de oro" ante Paraguay en tiempo extra.

● HUNGRÍA ANOTA 10 GOLES

Hungría es el único equipo que ha anotado 10 tantos en un partido de la Copa Mundial de la FIFA cuando batió a El Salvador por 10-1 en 1982. Los húngaros habían anotado previamente 9 goles cuando vencieron a la República de Corea por 9-0 en 1954, y comparten el récord de mayor margen de goles para una victoria con Yugoslavia, que venció a Zaire 9-0 en 1974. El récord de más goles en un encuentro de la Copa Mundial de la FIFA es de 12, cuando Austria derrotó a los anfitriones de Suiza por 7-5 en 1954.

Arriba: La victoria de España en la Copa Mundial de la FIFA 2010 significó que los equipos europeos han ganado 10 de 19 ediciones.

REGISTROS DE JUGADORES

Llegar a la Copa del Mundo es la máxima misión en la carrera de la mayoría de los jugadores y algunos tienen el privilegio de haber gozado esta experiencia en diversas ocasiones, algunos lo vivieron en una etapa temprana y otros lo han disfrutado en el ocaso de su carrera.

● UN LARGO SERVICIO

Lothar Matthäus puede que haya tenido la mayor cantidad de presencias, pero él no ha disfrutado tanta acción en la Copa Mundial de la FIFA como Paolo Maldini. El ex defensor italiano jugó dos partidos menos que Matthäus, pero permaneció en el terreno de juego por más tiempo, jugando 2 220 minutos contra 2 052 del alemán. Matthäus es uno de los dos jugadores que apareció en cinco ediciones de la Copa Mundial de la FIFA, jugando en todas las ediciones de 1982 a 1998. Este récord lo comparte con el portero Antonio Carbajal, de México, que participó en los Mundiales de 1950 a 1966.

MAYOR PRESENCIA EN LA COPA MUNDIAL FIFA™

Juegos	Jugadores	País
25	Lothar Matthäus	Alemania
23	Paolo Maldini	Italia
21	Diego Maradona	Argentina
	Uwe Seeler	Alemania
	Wladyslaw Zmuda	Polonia
20	Cafú	Brasil
	Gregorz Lato	Polonia
19	Berti Vogts	Alemania
	Karl-Heinz Rummenigge	Alemania
	Miroslav Klose	Alemania
	Ronaldo	Brasil
	Wolfgang Overath	Alemania

Arriba: El mediocampista Matthäus tiene más presencia en la Copa Mundial de la FIFA que cualquier otro jugador, siendo él y Carbajal los únicos en haber participado en cinco torneos.

Abajo: Norman Whiteside sólo tenía 17 años y 41 días de edad cuando jugó en 1982.

● HERMANOS ENFRENTADOS

2010 fue un gran momento de orgullo para la familia Boateng, cuando dos hermanos se presentaron por primera vez en una Copa Mundial de la FIFA. Jerome jugó para Alemania y lo hizo contra su medio-hermano Kevin-Prince, mediocampista de Ghana. Ambos nacieron en Alemania, de mismo padre ghanés pero de madres diferentes, y Kevin-Prince cambió de nacionalidad sólo un mes antes del torneo.

● EL JOVEN WHITESIDE

El delantero de Irlanda del Norte, Norman Whiteside es el jugador más joven, 17 años y 41 días de edad, en haber participado en una Copa Mundial de la FIFA en 1982. Debutó contra Yugoslavia, batiendo el récord previo de Pelé en 1958, y es uno de los siete jugadores que han aparecido en una Copa Mundial de la FIFA antes de cumplir 18 años. Pelé tiene el récord de ser el jugador más joven en jugar el partido final del torneo, habiendo jugado en 1958 a los 17 años y 249 días.

JUGADORES QUE HAN GANADO DOS FINALES DE LA COPA MUNDIAL FIFA™

Jugador	País	Años
Giovanni Ferrari	Italia	1934, 1938
Giuseppe Meazza	Italia	1934, 1938
Pelé	Brasil	1958, 1970
Didí	Brasil	1958, 1962
Djalma Santos	Brasil	1958, 1962
Garrincha	Brasil	1958, 1962
Gilmar	Brasil	1958, 1962
Nilton Santos	Brasil	1958, 1962
Vavá	Brasil	1958, 1962
Zagallo	Brasil	1958, 1962
Zito	Brasil	1958, 1962
Cafú	Brasil	1994, 2002

● LOS VETERANOS DE ORO

Dino Zoff se convirtió tanto en el jugador, como en el capitán, más veterano en ganar la Copa Mundial de la FIFA cuando Italia ganó la Copa en España 1982, a la edad de 40 años y 133 días. Zoff es uno de los cinco futbolistas en haber aparecido en una Copa Mundial de la FIFA después de los 40 años de edad, cuatro de ellos son porteros: Pat Jennings de Irlanda del Norte, Peter Shilton de Inglaterra y Ali Boumnijel de Túnez. El delantero camerunés Roger Milla también logró esa hazaña.

● DIFÍCIL DE VENCER

Ningún portero ha sido vez alguna tan difícil de vencer en una Copa Mundial de la FIFA como Walter Zenga. Este italiano pasó 517 minutos con su valla invicta cuando su país albergó el torneo en 1990, manteniendo el invicto de su portería en tres ocasiones en la fase de grupos y luego contra Uruguay y la República de Irlanda en la fase de eliminación directa antes de conceder un gol, convertido por Caniggia en el minuto 67 de la semifinal contra Argentina. No pudo detener 4 penales en la serie de eliminación luego de los tiempos extra, e Italia abandonó el torneo por esa causa. Íker Casillas tendrá la posibilidad de batir el récord de Zenga si la estrella de España en la Copa Mundial de la FIFA continúa con los 433 minutos sin conceder goles con los que terminó en Sudáfrica en 2010.

● MARCANDO EL CAMINO

Tres jugadores han capitaneado a su país en dos rondas de finales de las Copas Mundiales de la FIFA, pero ninguno pudo levantar el trofeo en ambas ocasiones. Karl-Heinz Rummenigge fue capitán alemán en las derrotas de 1982 y 1986, y Diego Maradona no pudo repetir el triunfo de Argentina cuatro años después en Italia. De manera similar, Dunga, de Brasil, se convirtió en capitán campeón en 1994, pero estuvo del lado perdedor en 1998. Maradona ostenta el récord con más presencias como capitán en Copa Mundial de la FIFA, con 16 actuaciones entre 1986 y 1994.

Arriba: El defensor lateral de Brasil Cafú es el doceavo y más reciente jugador en haber ganado dos finales de la Copa Mundial.

Izquierda: El guardameta de Italia Walter Zenga obtuvo el récord de 517 minutos con la valla invicta en la Copa Mundial de la FIFA de 1990.

● HACIENDO UN CAMBIO

Anatoli Puzach, de la Unión Soviética, hizo historia cuando se convirtió en el primer sustituto de la Copa Mundial de la FIFA. El torneo de México de 1970 fue el primero donde se permitieron sustituciones, permitiendo dos cambios por equipo, y Puzach reemplazó a Viktor Serebrianikov, en el entretiempo, durante el empate sin goles con los anfitriones. La FIFA incrementó a tres las sustituciones permitidas a partir de la ronda de finales de 1998.

REGISTROS DE GOLEO

Un viejo adagio del fútbol dice que "los goles ganan partidos" y la mayoría de los aficionados van a ver anotaciones. La mayor parte de los goleadores de la Copa Mundial de la FIFA que han roto récords se han convertido en leyendas de la noche a la mañana, pero otros sólo disfrutaron de un día de sol.

● KLOSE, SEGUNDO

Miroslav Klose, de Alemania, puede que no haya tenido el brillo de Gerd Müeller, la destreza de Michael Ballack y Lothar Matthäus, o el genio defensivo de Franz Beckenbauer. Sin embargo, se ubica en el segundo lugar de los goleadores de Alemania de todos los tiempos (67) y es el segundo futbolista con más convocatorias (127). En lo que refiere a la Copa Mundial de la FIFA, ¿adivinen qué? Klose es segundo también, comparte una marca con Müeller, que anotó en sólo dos competencias 14 goles, comparado con los 3 torneos de Klose. Obtuvo el Botín de Oro de la Copa Mundial de la FIFA en 2006, comparte este honor con Müeller, quien lo ganó en 1970.

Arriba: El artillero alemán Miroslav Klose anota el gol inaugural contra Ecuador en la Copa Mundial de la FIFA 2006. Él obtuvo el Botín de Oro como goleador, con cinco tantos.

● TRES QUE FUERON ÚNICOS

Geoff Hurst, de Inglaterra, es el único futbolista en haber anotado un triplete en la final de una Copa Mundial de la FIFA. En 1966, Hurst fue reserva y jugó luego de que Greaves se lesionara. Hurst anotó en los cuartos de final en la victoria frente a Argentina y mantuvo la titularidad en las semifinales contra Portugal y en la final contra Alemania Federal. Hurst batió a Helmut Haller en el primer tiempo con el gol de apertura, y anotó el gol más controvertido de una final de una Copa Mundial de la FIFA en los tiempos extra para lograr el 3-2, y luego, quedando segundos, completó un triplete perfecto (uno de cabeza, otro con la pierna derecha, y uno más de zurda).

● UN GOL POR PARTIDO NO BASTA PARA FONTAINE

El francés Just Fontaine estableció un récord en la Copa Mundial de la FIFA de 1958 que aún no ha sido batido. Anotó 13 goles en ese torneo comenzando con un triplete al derrotar a Paraguay por 7-3, dos veces en la derrota contra Yugoslavia por 3-2, y una vez cuando batieron a Escocia por 2-1. Irlanda del Norte quedó eliminada 4-0 por los contendientes franceses en los cuartos de final, con Fontaine marcando dos veces, pero Francia perdió en las semifinales, cuando Pelé inspiró a Brasil para ganar 5-2, a pesar de otro gol de Fontaine. En el encuentro por el tercer puesto, Fontaine descolló anotando cuatro veces para que Francia derrotara a Alemania Federal.

LÍDERES DE GOLEO DE LA COPA MUNDIAL DE LA FIFA POR TORNEO™

Año	Anfitrión	Jugador (País)	Total
1930	Uruguay	Guillermo Stábile (Argentina)	8
1934	Italia	Oldrich Nejedly (Checoslovaquia)	5
1938	Francia	Leónidas (Brasil)	7
1950	Brasil	Ademir (Brasil)	9
1954	Suiza	Sandor Kocsis (Hungría)	11
1958	Suecia	Just Fontaine (Francia)	13
1962	Chile	Garrincha (Brasil), Vavá (Brasil)	4
		Leonel Sánchez (Chile)	4
		Drazan Jerkovic (Yugoslavia)	4
		Florian Albert (Hungría)	4
		Valentin Ivanov (Unión Soviética)	4
1966	Inglaterra	Eusebio (Portugal)	9
1970	México	Gerd Mueller (Alemania Occidental)	10
1974	Alemania occidental	Gregorz Lato (Polonia)	7
1978	Argentina	Mario Kempes (Argentina)	6
1982	España	Paolo Rossi (Italia)	6
1986	México	Gary Lineker (Inglaterra)	6
1990	Italia	Salvatore Schillaci (Italia)	6
1994	Estados Unidos	Oleg Salenko (Rusia)	6
		Hristo Stoichkov (Bulgaria)	6
1998	Francia	Davor Suker (Croacia)	6
2002	Corea/Japón	Ronaldo (Brasil)	8
2006	Alemania	Miroslav Klose (Alemania)	5
2010	Sudáfrica	Diego Forlán (Uruguay)	5
		Thomas Müeller (Alemania)	5
		Wesley Sneijder (Holanda)	5
		David Villa (España)	5

LÍDERES DE GOLEO EN LAS FINALES DE LA COPA MUNDIAL DE LA FIFA™

Goles	Jugador	País	Años
15	Ronaldo	Brasil	1998, 2002, 2006, 2010
14	Gerd Müeller	Alemania Occidental	1970, 1974
	Miroslav Klose	Alemania	2002, 2006, 2010
13	Just Fontaine	Francia	1958
12	Pelé	Brasil	1958, 1962, 1966, 1970
11	Sandor Kocsis	Hungría	1954
	Jurgen Klinsmann	Alemania Occidental	1990, 1994, 1998
10	Helmut Rahn	Alemania Occidental	1954, 1958
	Teófilo Cubillas	Perú	1970, 1978, 1982
	Gregorz Lato	Polonia	1974, 1978, 1982
	Gary Lineker	Inglaterra	1986, 1990
	Gabriel Batistuta	Argentina	1994, 1998, 2002

Arriba: Roger Milla celebra un gol contra Colombia en la Copa Mundial de la FIFA 1990. Milla se convirtió en el goleador más veterano cuando, con 42 años de edad, convirtió un gol contra Rusia en 1994.

● LA LEYENDA DE MILLA

Roger Milla hizo su debut en la Copa Mundial de la FIFA de España 1982, con 30 años de edad, Camerún fue eliminado en la primera ronda. Sin embargo, Milla destacó en la Copa Mundial de la FIFA 1990, ayudando a su equipo a alcanzar los cuartos de final, donde perdieron por 3-2 contra Inglaterra. Realizó una exótica celebración del gol en la victoria de 2-1 sobre Rumania, pero fue más famoso cuando anotó 2 veces para vencer a Colombia por 2-1 en la segunda ronda. Cuatro años más tarde, hizo su última aparición contra Rusia el 28 de junio, a los 42 años de edad, para convertirse en el goleador más veterano.

● RONALDO POR SU CUENTA

Ronaldo, de Brasil, posee el récord de goleo de la Copa Mundial de la FIFA, con 15 anotaciones. Él estuvo en la cima en la Copa Mundial de la FIFA 2002, cuando convirtió 8 veces, incluyendo ambos goles en la victoria final sobre Alemania. Cuatro años antes, Ronaldo había sido el mejor jugador de Brasil cuando llegó a la final contra la anfitriona Francia. Pero Ronaldo sufrió cierto tipo de emergencia médica sobre el filo de la final. Fue originalmente omitido de la lista de jugadores para ese encuentro, pero rápidamente fue vuelto a convocar, aunque no tuvo la misma fuerza de encuentros anteriores y Brasil sucumbió ante Francia por 3-0.

● LA FUERZA DE JAIRZINHO

El equipo de Brasil que ganó la Copa Mundial de 1970 es considerado por muchos como el equipo más grande de la historia, con estrellas como Carlos Alberto, Gerson, Tostao, Rivelino y el legendario Pelé. Pero su goleador más consistente fue Jairzinho, quien se convirtió en el primer futbolista en anotar en todos los partidos, incluyendo la final. Anotó 7 goles en 6 encuentros, consiguiendo 2 en el partido inaugural de Brasil sobre Checoslovaquia. Su gol más importante fue en el encuentro contra Inglaterra y fue el tercer brasileño en el orden de la lista de goleadores en la victoria final de 4-1 sobre Italia.

● SALENKO, CINCO ESTRELLAS

Cuando Rusia jugó contra Camerún en el Estadio Stanford, de San Francisco, el 28 de junio, ambos equipos le estaban diciendo adiós a la Copa Mundial de la FIFA de 1994, en la etapa de grupos. Rusia, sin embargo, tuvo ese día un éxito memorable: Salenko anotó 5 goles, 3 en los minutos 15, 41 y 44. Roger Milla descontó al minuto 46, pero Salenko no había terminado. Se convirtió en el primer jugador de la ronda de grupos de la Copa Mundial de la FIFA en haber anotado goles en 5 oportunidades, con 2 goles más en los minutos 72 y 75. Camerún recibió el sexto gol, de Radchenko, para definir el encuentro por 6-1.

Derecha: Ronaldo celebra su primera anotación de la Copa Mundial de la FIFA 2002. Él ganó en Botín de Oro Adidas con ocho goles y, con 15, es el líder goleador de todos los tiempos en este torneo.

MÁS REGISTROS

¿Qué equipos han sido los más exitosos desde el punto del penal? ¿Y quién quedó primero o segundo luego de los penales? Las respuestas y más interrogantes de la Copa Mundial de la FIFA están aquí, donde examinamos otros hechos y estadísticas interesantes.

Izquierda: El guardameta de España, Íker Casillas, detiene el disparo del delantero de Paraguay Óscar Cardozo, uno de los dos penales que contuvo en la Copa Mundial de la FIFA 2002.

● CASILLAS ESTÁ ALLÍ MISMO

Hay un número mágico para Íker Casillas en la historia de la Copa Mundial de la FIFA. El jugador del Real Madrid se convirtió en el tercer guardameta en capitanear un equipo ganador en una final cuando España batió a Holanda en 2010, emulando a los italianos Gianpiero Combi y Dino Zoff. En 2002, Casillas se convirtió en el tercer portero en atajar 2 penales en un torneo (sin contar tandas de penales). Detuvo un penal a Ian Harte de Irlanda en un partido de la segunda ronda, y atajó otro al delantero paraguayo Óscar Cardozo en los cuartos de final.

● UN DEPORTE PARA TODAS LAS EDADES

Otto Rehhagel hizo historia hace 4 años en Sudáfrica, cuando se convirtió en el director técnico de mayor edad en la historia de la Copa Mundial de la FIFA. El alemán tenía 71 años y 317 días de edad cuando su equipo, Grecia, fue eliminado luego de perder 2-0 ante Argentina. En la otra parte del espectro, Juan José Tramutola sigue siendo el director técnico más joven, habiendo estado a cargo de Argentina en 1930 con 27 años y 267 días de edad.

● EL QUE PEGA PRIMERO...

Capitanes y entrenadores, pueden estar interesados en saber que el equipo que ejecuta el primer tiro penal ha terminado ganando en las últimas 7 eliminaciones definidas por penales en la Copa Mundial de la FIFA. La última vez que un equipo disparó segundo y ganó fue España, que venció a Irlanda en 2002.

ASISTENCIA A LA COPA MUNDIAL DE LA FIFA™

Año	País	Total	Promedio
1930	Uruguay	434 500	24 139
1934	Italia	358 000	21 059
1938	Francia	376 000	20 889
1950	Brasil	1 043 500	47 432
1954	Suiza	889 500	34 212
1958	Suecia	919 580	26 274
1962	Chile	899 074	28 096
1966	Inglaterra	1 635 000	51 094
1970	México	1 603 975	50 124
1974	Alemania	1 768 152	46 530
1978	Argentina	1 546 151	40 688
1982	España	2 109 723	40 572
1986	México	2 393 331	46 026
1990	Italia	2 516 348	48 391
1994	EUA	3 587 538	68 991
1998	Francia	2 785 100	43 517
2002	Corea/Japón	2 705 197	42 269
2006	Alemania	3 359 439	52 491
2010	Sudáfrica	3 178 856	46 670
Total		34 108 964	44 182

ELIMINACIONES POR PENALES EN LA COPA MUNDIAL DE LA FIFA™		
País	**Ganados**	**Perdidos**
Alemania/Alemania O	4	0
Argentina	3	1
Brasil	2	1
Francia	2	2
Bélgica	1	0
Bulgaria	1	0
Paraguay	1	0
Portugal	1	0
Corea del Sur	1	0
Suecia	1	0
Ucrania	1	0
Uruguay	1	0
Yugoslavia	1	0
República de Irlanda	1	1
España	1	2
Italia	1	3
Ghana	0	1
Holanda	0	1
Japón	0	1
Suiza	0	1
México	0	2
Rumania	0	2
Inglaterra	0	3

● MALOS MUCHACHOS

Argentina posee el peor récord disciplinario en la historia de la Copa Mundial de la FIFA; ha acumulao 103 tarjetas amarillas y 10 rojas en 70 partidos, entre 1930 y 2010. Brasil es el que ha tenido más jugadores expulsados con Felipe Melo fuera de los cuartos de final en su derrota contra Holanda, acumulando 11 expulsiones en su historia. Alemania/Alemania Federal ha recibido 104 tarjetas amarillas y siete rojas en 99 encuentros, e Italia ha tenido 87 amonestados y 7 expulsados en 80 encuentros. España tiene un impresionante récord disciplinario, con sólo una expulsión en 56 partidos.

● UN ROSTRO FAMILIAR

Ningún director técnico ha estado en más rondas de finales de la Copa Mundial de la FIFA que el brasileño Carlos Alberto Parreira, quien ha dirigido en seis torneos. El punto culminante de su carrera se produjo en 1994 cuando guió a su selección a la victoria en Estados Unidos. También estuvo a cargo de Brasil en la Copa Mundial de la FIFA 2006, y fue entrenador de los anfitriones de Sudáfrica en 2010. Sus otras participaciones fueron como técnico de Kuwait (1982), Emiratos Árabes Unidos (1990) y Arabia Saudita (1998).

Derecha: Carlos Alberto Parreira ha dirigido a cinco naciones diferentes en seis ediciones diferentes de la Copa Mundial de la FIFA, incluyendo dos veces a su país natal.

● UN ROJO DESAFORTUNADO

El rojo es un color que trae suerte en algunas partes del mundo, pero ninguna selección con el rojo en su camiseta ha ganado la Copa Mundial de la FIFA desde que lo hizo Inglaterra en 1966. España tuvo que usar su uniforme alternativo, color azul oscuro, en la final contra Holanda, aunque se cambiaron a sus clásicas camisetas rojas antes de recibir el trofeo de la FIFA de parte de Joseph Blatter. España en 2010 fue la primera selección, desde 1966, que triunfó en la final usando su uniforme alternativo.

Arriba: Ningún equipo desde Inglaterra en 1966 ha ganado la final de la Copa Mundial de la FIFA utilizando el color rojo.

● LA ESPERA MÁS LARGA

Italia posee el récord por la espera más larga para volver a ganar la Copa Mundial de la FIFA. Habiendo ganado los torneos de 1934 y 1938, los azzurri debieron esperar 44 años para conseguir un nuevo título, en 1982. El actual campeón, España posee la espera más larga para un equipo que terminó entre los primeros 4 lugares. Antes de su campeonato en 2010, su mejor actuación se remonta al cuarto lugar obtenido en Brasil, en 1950.

Izquierda: El Brazuca Adidas, balón oficial para la Copa Mundial de la FIFA Brasil 2014.

PRENSA ASOCIACIÓN DEPORTIVA

Editor   Andrew McDermott.
Colaboradores   Colin Armitage, Liam Blackburn, James Cann, Andrew Carless, James Crawley, Callum Dent, Pete Evans, Tony Kelshaw, Frank Malley, James O'Brien, Euan Parsons, Glen Robertson, Matt Somerford, Jonathan Veal, Mark Walker, Drew Williams, Martyn Ziegler.
Diseño   Mark Tattersall.

IMÁGENES

AAP, ABACA Press France, Alpha, Associated Press, Atlantico, Belga Belgium, Chelsea FC, Demotix, DPA Germany, EFE Spain, Empics, Gabriel Piko, Landov, Press Association Images, Pixsell, Sports Inc – Back Page Pix, TT News Agency, VI Images.